跟著十二位
傳奇投資大師學習
賺錢鐵則

伝説の名投資家１２人に学ぶ儲けの鉄則

小泉秀希

林詠純｜譯

時報出版

推薦序　價值投資概念的精要

價值投資者　雷浩斯

小泉秀希先生這本《跟著十二位傳奇投資大師學習賺錢鐵則》，主要是由他在雜誌專欄的文章彙整而成，寫過專欄的人就知道，寫文章時受益最大的人往往是自己。小泉先生說：「當他開始寫此專欄的時候，投資績效就開始大幅提升！」因為每一個擅長思考的人在動筆寫文章的時候，等於是強迫自己重新整理自身的思維模型，整理過後的思維模型當然會更有效率，進而反映在投資上。

價值投資的基本就是「安全邊際」，安全邊際就是一個超值、划算的概念，這個概念反應兩者：以廉價股來說，要以非常低價買入有實質資產的投資標的；以成長股來說，要買入還未反映成長力道的好公司。這兩個概念並不衝突，因為都反映了「價值低估」的概念。

想要了解這個概念，可以從本書整理的十二位知名傳奇投資大師，包含了價值投資者熟悉的葛拉漢、費雪、巴菲特、彼得．林區、約翰．奈夫……等價值投資高手的投資原則中去尋找。

對於剛接觸價值投資概念的投資朋友們，這本書提供了非常好的全面性概念，讓你能對價值投資的概念有一個基本框架。對於已經熟悉價值投資的資深投資人，這本書則提供了精華概要，讓你能隨時複習其中的重點。

推薦序　適合所有人的投資書

作家暨全職交易人　梁展嘉

身為一個全職交易人，我常常會碰到投資人問我一個問題：「你會建議我讀哪些投資書呢？」由於我本身看了超過三百本投資相關書籍，一下子確實很難回答出來。所以每次針對不同的對象，我總是給出不一樣的答案。事實上，如果你走進圖書館去查閱，投資書可能連一萬本都不止。在資訊超載的今天，恐怕篩選資訊成為更重要的一件事情。

不過現在各位讀者有福了，日本的投資專家小泉秀希寫出了一本綜合十二位國際投資大師致富法則的好書。他彙整出五個共通理念，我深以為然。「投資損失比例遠低於獲利的股票」、「考量價值，投資上漲空間大的股票」、「考量個股成長性」，「分批買進，避免草率的反向操作」、「投資每檔股票的金額不超過總資金的二〇％，投資失敗盡早停損」，以上五點雖然是寫給日本讀者，但是對台灣的讀者一樣適用。

在此我有一點要提醒各位，本書所提到的十二位投資大師，其中有十一位是以基本分析見長，因此讀者們在運用本書的投資技巧時，務必注意應當以長期投資的心態面對市場，如此方可獲得理想績效。

總之，下次再有人問我該看什麼書的時候，我再也不必寫出長長一串書單了。請各位直接把這本《跟著十二位傳奇投資大師學習賺錢鐵則》帶回家仔細研讀吧！

作者序

本書是以金融雜誌《Diamond Zai》創刊時，開始連載約五年的專欄〈跟著傳奇大師學習賺錢的鐵則！〉為基礎，加入最新資訊與數據，大幅刪改、修訂而成。

這個連載的迴響超乎我的預期，至今依然常有人對我說，這個專欄帶給他很大的幫助。

但是要說這個專欄對誰幫助最大，我想應該是我自己。寫這個專欄的過程中，每一頁都要花上好幾天，老實說就寫作工作而言，完全不划算；即便如此，連載依然持續了五年。因為我深信：「寫這個專欄對身為投資者的我來說，非常有幫助」。

事實上，自從我開始寫這個專欄之後，投資績效獲得了戲劇性的改善。從開始寫這個專欄大約兩年後，二〇〇二年到二〇〇七年之間，我的投資資產增加了數十倍；且後來也戰勝金融海嘯與三一一大地震等挑戰，穩定增加資產。以前的我是個失敗的投資者，投資成績慘不忍睹，這樣的狀況能夠大幅改善，都是拜此專欄所賜。

雖然過程中一直有人建議我將專欄整理成書，但直到現在這個提議才終於實現。不過現在的我也累積了許多投資經驗，所以重讀當時的原稿後，便有許多想要改寫補充的部分。這也是為什麼這本書出版前需要大幅刪改、修訂的原因。

本書從專欄介紹的十八位傳奇大師中，精挑細選出我覺得特別有幫助的十二位，介紹他們的故事與投資方法。這些投資大師以華倫・巴菲特（Warren Buffett）為首，每位都擁有足以名留青史的成功事蹟，他們的故事都非常耐人尋味，投資方法也都相當簡單且合理，讓人忍不住點頭稱是，心想「原來如此！」

股票投資有各式各樣的方法，每一種方法都有成功者，但我認為，對於大多數散戶投資者來說，最容易在有限時間內，長期讓資產持續增加的方法其實是：

- **回歸本質**
- **遵守簡單且合理的原則**

而本書介紹的，就是這樣的方法。

以結論來說，如果想在股票市場中賺錢，最重要原則便是「**找出有成長潛力的企業，在超低價的水準買進**」。

只要能夠掌握判斷「成長性」與「超值感」的方法，就會慢慢精通股票投資。書中登場的傳奇大師，幾乎都深入思考過「成長性」與「超值感」，並達到了爐火純青的境界。

撰寫這本書的二〇一四年，日本股票市場正處於劇烈震盪時期。股價會因為安倍經濟學的成功而持續大幅度上漲？還是會因為失敗而再次探底？

這都是很難回答的問題。兩種情況都有人預測，也都有可能。對於投資者來說，最重要的是想好兩套劇本，事先做好準備，無論演變成哪種情況都能應付自如。

在股價大幅震盪的情況下，投資者可能會比平時更加煩惱，這時候更需要「回歸原則」。無論遇到什麼情況，只要能夠回歸原則仔細思考，必定能找出好的答案。在本書中，絕對能夠找到那些必須回歸的原則。

跟著十二位傳奇投資大師學習賺錢鐵則　目錄

前言

想在股市成功，需要的不是「聰明的頭腦」，而是「合理的思考」

這句話出自於華倫．巴菲特。

巴菲特以打工薪水作為本金開始投資，生涯中累積了多達五兆日圓的個人資產，可說是史上績效最高的投資者！

這樣的巴菲特卻斬釘截鐵地說：在股票市場上能否成功，與頭腦好壞無關。

的確，這個世界上投資失敗的聰明人比比皆是。實際上也有許多醫生、律師、會計師、教師投資股票失敗的例子。

過去也曾有過基金破產事件是由諾貝爾經濟學獎得主操盤；發現地心引力的牛頓，也曾因為股市泡沫化而損失了鉅額資產，換算成現在金額將近一億日圓。由此可知，人類最高的智能在投資時也不見得靈光。

如果想在投資上獲得成功，比起這些智能，更需要的其實是「合理的思考」。

那麼，什麼是合理的思考呢？

合理的思考很難嗎？

一點也不。巴菲特說，合理的思考非常簡單，簡單到連大學的財經課都不教，「因為過於簡單課程內容，有損大學教師的權威」。

所謂合理，就是合乎道理。

換句話說，若仔細聽聞其內容，會忍不住附和，覺得「原來如此」。

巴菲特表示，所謂合理的投資法，就是每個人聽到都會點頭稱是，且能夠實踐的投資法。

接下來將會請各位閱讀這些傳奇投資大師的言行。他們的手法與思考方式，都非常單純，令人聽了之後都會覺得「原來如此」。

單純且合理。

沒錯，這正是這些獲得非凡成就大師的共通點。

複雜難懂的方法乍看之下或許讓人覺得很厲害，但實際上可能包含許多不太合理的部分。

我不是說複雜就不行，只要合理，單純也好複雜也好都無所謂。但相比之下，單純且合理的方法似乎比較有效率，而這也是許多投資大師的結論。

首先要留意避開尾端風險

那麼，投資的「合理性」指的是什麼呢？

具體來說就是：

❶避開「尾端風險（tail risk）」

❷反覆「比較風險與報酬做出明顯有利的選擇」

所謂尾端風險是指「這種風險雖然極少發生，一旦發生就會造成難以挽回的傷害」。

舉例來說，死亡車禍就是一種尾端風險。即使超速飆車也很少發生事故，然而一旦發生，就必須承受難以挽回的悲慘結果。所以能夠合理思考的駕駛人，無論如何趕時間，也會遵守速限，並確保充分的安全距離。

至於投資的尾端風險，則最容易發生在承擔過多風險的時候。

舉例來說，透過信用交易（貸款進行交易）持有三倍於自有資金的股票時，如果因為大地震等事件導致股價下跌三成，就會失去所有資產。

所以，合理思考的投資者為了在最糟的狀態下也能生存下來，會小心避免投資金額過度膨脹。

不管怎麼想都有利的投資

所謂「比較風險與報酬做出明顯有利的選擇」，可以用以下的例子說明：

假設有個投資案，投資十萬日圓，

- **成功可以獲利五萬日圓**
- **失敗將會損失一萬日圓**

而且成功的機率似乎較高。

雖然當中還是有損失的風險，但損失金額極為有限，相較之下，成功時的利益大多了。這麼一來，投資十萬日圓應該是有利的選擇。

再者，即便在一次的投資中蒙受損失，只要反覆做出這種有利的選擇，整體而言還是能夠累積利益。

這就是透過投資獲得成功的最大祕訣！

剩下的只是盡可能多去找出這類有利的選項，投資績效也將由此決定。

機會的多寡與學習及努力成正比

那麼，該怎麼做才能找出許多有利的選項呢？

這就要視知識與準備而定。

透過學習，獲得越多知識，做越多尋找個股的準備，便越容易發現這類有利的投資機會。

巴菲特的導師葛拉漢（Benjamin Graham）曾說：「決定投資成果的，不是背負多少風險，而是花多少功夫調查。」

常出現在日本媒體的大投資家吉姆・羅傑斯（Jim Rogers）也曾說：「要等待像撿路邊的錢一樣容易的獲利機會，只在這時候才進場投資。」

花越多時間學習，做越多尋找個股的準備，就能發現越多「不管怎麼想都有利的投資機會」。

當然，有時因為市場行情與經濟狀況的影響，不容易找到這樣的機會，但一定也會有能夠發現許多機會的時候。

重點在於，只在發現「不管怎麼想都有利的投資機會」時才進行投資。如果找不到就按兵不動。

感到困難或找不到機會時不必急著投資，反而應該一邊學習準備，一邊等待能夠輕易獲利的機會。

十二位傳奇投資大師

那麼，該如何學習呢？

最有效的方法，就是向成功者學習。

本書集結了十二位最值得學習的大師傳奇事蹟。

第一位大師是**班傑明．葛拉漢**。

葛拉漢被稱為投資價值股的始祖，培養出華倫．巴菲特等許多優秀的學生。我們將跟著葛拉漢學習「尋找價值股的方法」。此外，葛拉漢也是徹底探究投資合理性的人，我們可以從他的故事中學到「無須經歷重大失敗，也能持續增加資產」的概念。

第二位大師是**菲利普．費雪**（Philip A. Fisher）。

費雪是巴菲特的另一位導師，也是投資成長股的大師。他的做法是找出能持續成長數十年、股價也能上漲好幾十倍的股票集中投資，以獲得龐大的資產。我們將跟著費雪學習「找出成長股的方法」。

第三位注目登場的大師是**華倫．巴菲特**。

巴菲特融合葛拉漢流的價值股投資，與費雪流的成長股投資，創造出「低價成長股投資法」。這個進化版的投資法，為他創造出史上最高的績效。我們將跟著巴菲特學習「分辨出真正的優質股，並以超低價格買進的方法」。

第四位大師是**彼得．林區**（Peter Lynch）。

林區身為信託基金的投資經理人，曾締造出堪稱歷代最高水準的投資成績，他告訴我們：「環顧日常生活環境，就可以發現許多能漲到好幾倍的成長股」，以及「在投資股票方面，素人比專家更有利」。我們將跟著林區學習「在日常生活中尋找飆股的投資法」。

第五位大師是**威廉．歐尼爾**（William J.O'Neil）。

歐尼爾徹底研究幾十年來漲幅高達數十倍的飆股數據資料，提出「CAN-SLIM選股法」這個能夠掌握飆股起漲階段的方法，而我們將會學習這個方法。

另外，歐尼爾也是透過股價走勢圖評估買賣時機的專家，我們也將學習使用股價走勢圖的精髓。

第六位大師是**吉姆．羅傑斯**。

羅傑斯除了曾經成功領導現在席捲世界的避險基金——量子基金的先驅之外，他預言金價與中國股市將漲到歷史高點的事蹟也非常有名。他的投資法精髓是在有強烈「超值感」的狀態下，一發現「好的變化」就買進。我們將跟著他學習「價格與變化的戰略」。

本書將各以一章的篇幅詳細介紹這六位大師。他們的投資方法濃縮了成功投資者所需的精華，只要學會這些方法，就能獲得一生受用的投資概念。

第七章將再介紹四位投資大師，並深入探究「超值感」與「成長性」的概念。

第七位介紹的大師是**約翰．凱因斯**（John Keynes）。

凱因斯不僅是偉大的經濟學者，也是偉大的投資者，他從年輕時就喜歡從事外匯與股票的投機性買賣，書中將介紹他歷經近乎破產的苦難後，逐漸找出必勝投資法的過程。

即便是如此出色的人，也經歷過摸索階段，有趣的是，凱因斯最後發現的手法與巴菲特幾乎相同。我們將跟著凱因斯重新認識巴菲特流投資手法的重要性——「找出超優質股，以超低價買進，並長期持有」。

第八位大師是**約翰．坦伯頓**（John Templeton）。

坦伯頓是投資新興國家的先驅。他的著名事蹟就是投資日本股市大獲成功，他投資當時的日本正是處於高度成長期的新興國家。我們將跟著坦伯頓放眼全球，尋找真正的潛力國與潛力股，學習國際投資者的思考方法。

第九位大師是**約翰．奈夫**（John Neff）。

奈夫是專業基金經理人最尊敬的專家，他是專家中的專家。

他在投資時刻意避開高成長股，鎖定安定成長股，結果相當成功。我們將跟著他學習高成長股與安定成長股的選擇問題，以及學習如何檢視成長股的本益。

第十位大師是**是川銀藏**。

是川是日本最具代表性的投資大師。

他生於動盪的時代，卻依然透過徹底的學習與研究，持續實現夢想。他的態度令人欽佩，從他身上可以學到一名投資者，或者說是身為一個人應有的態度。書中將介紹他最後悟得的「烏龜三原則」，這個方法特別適合推薦給散戶投資人。

接下來的第八章，還會跟著兩位投資大師，學習透過辨別整體行情與經濟大趨勢進行投資的方法。

第十一位登場的大師是**馬丁．史維格**（Martin Zweig）。

史維格堪稱判斷市場趨勢的名家。我們將跟著他學習如何從股價的爆炸性變動與央行的金融政策，判斷整體行情與景氣趨勢。

本書的最後，第十二位登場的則是**喬治·索羅斯**（George Soros）。

索羅斯是將避險基金的存在介紹給世人的傳奇人物，他累積了高達二兆日圓的個人資產。我們將跟著索羅斯，學習如何看穿外匯行情等大趨勢的轉換。

以上十二位大師都是專家中的專家，是真正傑出的投資者，他們的許多方法都有值得散戶學習，並令人覺得「原來如此」的部分。本書便是以這樣的標準，選出這些傳奇大師。

此外，他們除了是出色的投資者，也都具有獨特人格魅力。他們當中許多人的人生故事也非常有趣，希望各位讀者在閱讀的同時也能享受這些故事。

閱讀他們的故事，不僅可以鍛鍊對投資人來說最重要的「合理思考」，也能獲得許多尋找「不管怎麼想都有利的投資機會」的技巧（必勝模式）！

CHAPTER 1

利用「以五千元買萬元鈔票」的想法，尋找價值股！

跟著班傑明·葛拉漢學習
「價值股」投資法

■班傑明．葛拉漢 *Benjamin Graham*

從獲利與資產兩個面向買進沒有下跌疑慮的價值股

班傑明．葛拉漢　一八九四年出生，一九七六年去世。他是價值投資理論的創始人，曾培養出以巴菲特為首的許多投資名家，在經濟大蕭條最嚴重時寫下的《證券分析》（*Security Analysis*）一書，如書名所示，開創了證券分析領域的先河。他在一九四九年以一般投資者為對象，寫下《智慧型股票投資人》（*The Intelligent Investor*）一書，至今仍是適合散戶投資者閱讀的最佳指南。

培養出許多成功者的「價值股投資巨匠」

班傑明．葛拉漢是活躍於二十世紀前半到中葉的知名投資者。他不僅透過投資在經濟上獲得成功，躍身成為億萬富翁，同時也是確立「價值股投資」概念與技術的知名理論大師。他影響了許多投資者，培養出眾多億萬富翁，最有名的學生就是華倫・巴菲特。

巴菲特的事蹟將在第三章詳細介紹，簡單來說，他是透過股票投資，創造出高達約五兆日圓個人資產的史上最強投資者。其投資基礎源自於葛拉漢的直接傳授，巴菲特以這個基礎為踏板，走上了前無古人的成功之路。

本章將介紹葛拉漢培養出巴菲特等許多億萬富翁的「價值股投資法」。在此之前先讓我們看看其概念與技術理論的誕生背景。

葛拉漢在一九二九年股市大崩盤時的思考

葛拉漢在成為一位成功投資者之前，曾經歷過兩次破產（或近乎破產的狀態）。第一次發生在葛拉漢小時候。葛拉漢一家原本因為父親經商成功，在紐約過著富裕的生活，其富裕的程度，能夠負擔得起傭人、廚師以及法籍家庭教師。

然而在一九〇三年，葛拉漢九歲時父親過世，家中的經濟頓時陷入窘境。母親為了擺脫經濟上的困境開始借錢投資股票，卻因為一九〇七年的股價暴跌而破產。

對葛拉漢來說，當時品嘗到的經濟苦果，以及無數屈辱對待，讓他畢生難忘。

之後葛拉漢勤勉向學，拿到哥倫比亞大學的獎學金，並以頂尖的優異成績畢業，當時雖然有大學找他去教書，他卻拒絕這樣的機會，前往華爾街從事證券交易的工作。他以交易員及分析師的身分迅速嶄露頭角，並破格晉升，年紀輕輕就被拔擢為合夥人。

後來葛拉漢辭去工作，成立自己的資產管理公司，持續提升管理績效，獲得相當大的成功，也取得龐大資產。一切就彷彿是對兒時讓他嘗盡屈辱的股票市場展開的成功復仇。

然而到了一九二九年，在他三十五歲，資產持續增加時，股市卻遭遇歷史性的重挫。美國道瓊工業指數從一九二九年九月的最高點三百八十六美元，跌到一九三二年七月的最低點四十美元，三年內的跌幅將近九成。葛拉漢在這段時間的資產管理績效，也跌到了負七〇％。

儘管葛拉漢的損失略低於紐約道瓊工業指數的跌幅，他還是被逼到了瀕臨破產的絕境。這是他一生中遭遇的第二次經濟困境。

紐約道瓊工業指數在一九三二年七月探底之後，直到一九三四年十月為止，指數一直維持在一百美元前後的低迷水準。這段期間美國的工業生產減半，實質GNP（相當於現在GDP指標）下滑三成以上，物價下跌近三〇％，失業率也上升到近二五％，是比日本經濟泡沫化與金融海嘯還要悲慘的狀況。也就是歷史課本提到大蕭條，又稱為經濟大恐慌。

許多人在這個時期陷入經濟困境，被打入絕望深淵。葛拉漢也是其中一人，但他並沒有放棄股票投資，反而進行更深入的研究。

他的目標是找出「無論發生什麼事都不會遭受致命性失敗、能長期且穩定地增加資產的投資法」。

投資有「守護」資產的面向，也有「增加」資產的面向。葛拉漢徹底鑽研其中「守護」的部分，「無論發生什麼事都不會大幅減少資產」是他最看重的主題。對於經歷過兩次經濟困境的葛拉漢來說，把「再也不想品嘗這種痛苦的滋味」作為大前提進行思考是自然的發展。在此前提下，盡可能把「增加」資產也當成目標。

通貨膨脹會在歷史中反覆出現，每次都會損害存款與債券的資產價值

有些人或許覺得奇怪：「如果這麼想要守護資產，為什麼不把錢拿去存起來或買債券呢？」

這是因為綜觀過去的歷史，出現高通貨膨脹率的局勢相當頻繁。物價在十年內漲到兩倍程度的通膨屢次發生；在極少數的情況下，甚至還會出現幾年內通貨膨漲到一百倍的情況。

物價漲到兩倍就代表現金的價值減半。雖然在通貨膨脹上升時，利率多半會跟著上升，將錢存入銀行或投資債券也能獲得一定程度的利息；但在通膨率高的情況下，現金價值的跌幅還是比較大。就歷史的經驗來看，通膨在絕大多數的情況下，都是資產管理的大敵。

日本從一九九五年起，就長期處在通貨緊縮的情況，現金的價值二十年來都沒有改變，穩定的狀況一直持續；但無論從歷史觀點還是從全球觀點來看，現金的價

值都很少能夠如此穩定。沒有人能夠保證這種狀況將永遠持續，未來的某一天，或許日本人將被迫與曾讓葛拉漢苦惱的通膨奮戰。

乍看之下穩定的狀況可能會突然改變，這樣的事例在歷史上屢見不鮮。這個世界上潛藏著隨時可能發生股價暴跌、金融恐慌、離譜的通貨緊縮或高通膨的風險。

葛拉漢所經歷的一九二九年股市大崩盤，以及隨之而來的通貨緊縮恐慌正是如此。美國經濟在此之前都是處於景氣良好、股價上揚的狀況，當時很多人都覺得「這樣的好景氣會永遠持續」。

換句話說，這個世界上沒有絕對安全的資產，現金也是。如果發生通貨膨脹，股票可能比現金還安全。

所以站在「守護」資產立場的葛拉漢，非常煩惱該如何綜合運用存款、債券、股票進行資產管理。

能夠應付各種危機與變化的資產管理戰略

他想出來的戰略，便是考量現金（或債券）與股票的分配比例進行的資產管理。所有資產基本上以「現金（或債券）五〇％、股票五〇％」的比例分配，並視情況彈性地改變資產組成。股市好的時候調整成「現金（或債券）二五％、股票七五％」，股市不好時則調整成「現金（或債券）七五％、股票二五％」。

至於股票投資，他採取「投資價值股」的手法，挑選出五檔安全的價值股分散投資。

「找出安全性高的價值股，並將資金分散投資五檔以上的個股」，這個方法是葛拉漢在重視最大限度安全性的同時，又要追求最大收益所產生的結論。實際上，葛拉漢確立了這個手法之後，透過基金管理，二十年來持續穩定地實現年平均二〇％的高收益率（二十年累積四十倍的資產）。

他在一九三四年大恐慌最嚴重的時候，將這個手法寫成《證券分析》一書出版。

當時的人們被經濟困境擊垮，沒有多餘心力思考股票投資，但葛拉漢認為，這種時候才更應該告訴世人股票投資的正確方法，希望藉此讓包含自己在內的所有投資者復活，讓股票市場與經濟復甦。

在這之後，他又寫了《智慧型股票投資人》，以簡單易懂的方式向一般投資人說明自己的投資理論。據說十九歲的巴菲特正是因為讀了這本書，才獲得啟發成為一位投資者，他對這本書讚不絕口，認為是「至今無人出其右的最佳股票投資指南」。

將焦點放在「股票原本的價值」，在「價格」遠低於「價值」時買進

以最簡單的方式來說，葛拉漢的「價值股投資法」，就是「用五千元購買價值一萬元的商品」。

更具體來說，就是：

❶思考一檔股票原本的價值應該是多少
❷在價格遠低於價值時買進
❸如果股價漲到接近原本應有的價值就賣出（必須抱著持有兩年左右的覺悟）

這個方法乍看之下相當單純且平淡無奇，連葛拉漢也說，自己投資的技巧「就是採用和購買食品時相同的做法」。

舉例來說，如果一根原本價值一百元的蘿蔔以五十元的價格販賣，我們便會覺得划算而購買，投資股票時也是如此。

這個概念雖然極為單純，在他發表當時卻是劃時代的思考方式，吸引了以巴菲特為首的許多優秀門生。

但大學的財經課程卻不教葛拉漢的概念。對此，巴菲特曾說：「因為這個概念一點也不難。更直接地說，就是大學裡面只會教困難又沒有幫助的事情。複雜的做法比起單純明快的做法，更容易在商學院獲得高度的評價，但實際上單純明快的做法更有效。」〔《巴菲特開講》（*Warren Buffett Speaks*），珍娜・羅渥（Janet Lowe）著〕

雖然說「價值股投資法」是「單純的手法」，但各位應該也知道，實際嘗試並沒有那麼容易。葛拉漢或巴菲特等價值股投資者，也正因為能確實實踐這件不容易的事情，才能創造出莫大的資產。

那麼這對一般投資人來說是不是像天方夜譚呢？葛拉漢與巴菲特主張：「這絕不是天方夜譚，只要學會基本概念，任何人都能辦到。」

接下來的部分，將針對「基本概念」加以說明。

成功投資價值股的「基本概念」大致可分為兩個部分：第一是關於「股票價值」的概念，第二則是關於「行情變動」的概念。首先我們來看「股票價值」的部分。

投資價值股的基礎❶

評估「股票的價值」

在評估「股票的價值」時，最重要一點，是必須了解股票就是公司的所有權。如果持有某間公司一〇〇%的股票，代表那間公司一〇〇%屬於自己；如果持有〇．〇一%的股票，代表那間公司只有〇．〇一%屬於自己。換句話說，持有股票，就代表擁有一部分的公司。

所以評估股票的價值，就相當於評估公司的價值，一股的價值即是公司的一份股權所具備的價值。

一間公司的價值可以從「資產面的價值」與「獲利面的價值」兩個面向來思考。

從資產面來看，公司的價值是以淨資產的金額表示。而所謂的淨資產，就是從資產中扣除負債，是純粹屬於公司資產的部分。左頁的圖說明了一股的價值，其中淨資產的價值就稱為「每股淨值」（每張股票的淨資產）。

什麼是「股票的價值」？

〈股票的三種價值〉

①每股淨值
②從目前獲利能力衡量的價值
③基於成長性所附加的價值

〈從資產面來看的價值〉　〈從獲利面來看的價值〉

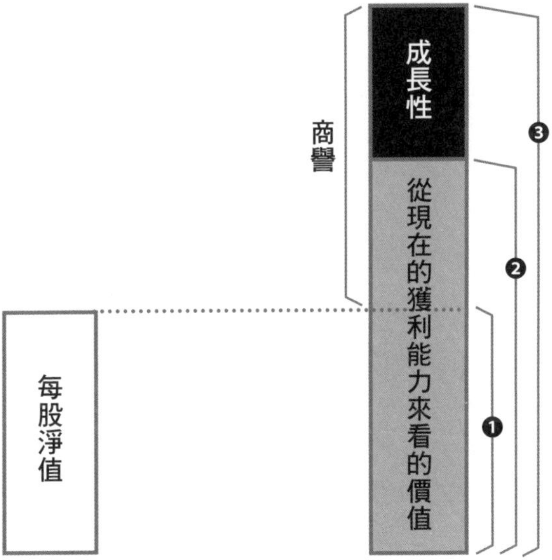

股票的價值可以想成包含成長性在內的③。但是穩定性、確定性則會隨著①→②→③而遞減。因為獲利能力可能會改變；而成長性的不確定性更高。相較之下，只要公司本身的自有資本比率高，且獲利穩定，①的每股淨值就是高穩定性、高確定性的價值。

另一方面，從獲利面來看，公司的價值則是「以目前獲利能力衡量的價值」，再加上「成長性」。所謂成長性，就是今後獲利成長的期望值。

一般來說，從獲利面衡量的價值，會大於從資產面衡量的價值。超過淨值的部分稱為「商譽」，亦即公司的技術力與品牌力等看不見的實力所帶來的價值。

三九頁是根據上述說明整理而成的股票價值示意圖。這張示意圖相當重要，是理解葛拉漢的方法，以及從中衍生出的巴菲特投資法的基礎。因此請務必確實理解後再繼續往下讀。

從獲利面來看股票的價值＝每股盈餘×適當本益比

接著再稍加詳細地說明從獲利面來看的股票價值，這個價值可以透過以下公式理解：

從獲利面來看股票的價值＝每股盈餘×適當本益比

所謂的每股盈餘，就是這間公司每張股票的淨利（稅後利益）。換句話說，就是顯示這間公司的每張股票具備多少獲利能力的指標。

至於本益比（PER）則是股價相對於每股盈餘的倍率。我們以A公司的股票為例：

〔A股〕
每股盈餘　50日圓
每股淨值　500日圓
股價　500日圓

所以A股的本益比就是十倍（股價500日圓÷每股盈餘50日圓＝10倍）。

股票市場的專業投資者，在買賣股票時，都會確認一家公司的每股盈餘，也會思考本益比應該是幾倍。

例如：「這間公司的發展不太穩定，即使本益比是十倍也該賣出」、或是「這間公司的成長性很高，即使本益比是二十倍了也該買進」等等。

如果股票市場的投資人失去信心，股價就會下跌，本益比也會跟著變低，這種類似跳樓大拍賣的時候，正是買進股票的絕佳時機。

另一方面，如果投資人信心十足，即使本益比很高也願意買進股票，市場整體的本益比就會跟著大幅提升。而這種泡沫化的狀態，就是賣出股票的時候。

葛拉漢認為，利用市場的變動，在股價低點時買進、高點時賣出，就能獲利。

那麼，適當的本益比是幾倍呢？

根據歷史資料來看，各國主要股市的平均本益比，大約都在十至二十倍之間變動，平均為十五倍左右。許多投資者會將十五倍當成標準，並且有意識地參考這個數字。

換句話說：

股票的價值＝每股盈餘×15倍

這是相當有力的參考值。

雖然是很粗略的估算，卻是可以推估股票價值的重要概念。估算股票價值時，即使只是粗估也無所謂，只要大方向正確即可，因為就算是專家，也很難估算出股票的正確價值，不同專家之間也常有不同的見解。所以股價的估算，只要做到「大概是這個價格」的程度就夠了。

葛拉漢認為，真正的關鍵是在股價大幅低於粗估的價值時買進。如此一來，即便有點計算失誤也不是那麼重要。

再回到「股票價值＝每股盈餘×15倍」的公式。

這裡還必須考慮企業的獲利能力是否能夠持續。

雖然股票的價值只要粗略估算即可，但如果被當成計算基礎的每股盈餘在未來大幅減少，計算也會跟著嚴重失準。這個公式成立的條件，必須是目前的每股盈餘在未來也能維持的前提之下，才能顯示股票的約略價值。

以前面提到的A公司為例，重點在於每股盈餘是否能夠維持在五十日圓。如果A公司將來也能保持這樣的獲利能力，就可以利用下列公式粗略計算出適當的股價水準：

每股盈餘50日圓×本益比15倍＝750日圓

假設現在的股價是五百日圓，相較之下便是低點。

但如果A股的每股盈餘將來會跌到三十日圓左右，適當的股價水準就會變成三十日圓的十五倍，大約四百五十日圓，以現在的股價五百日圓來看，這時買進就不划算了。

由此可知，公司的獲利動向大幅影響了從獲利面衡量的股票價值。這也是為什麼我們會希望自己投資的公司至少能穩定獲利，如果可以的話，最好在穩定之外還能一點一滴地持續成長。

「從獲利面來看的價值」也可能下滑

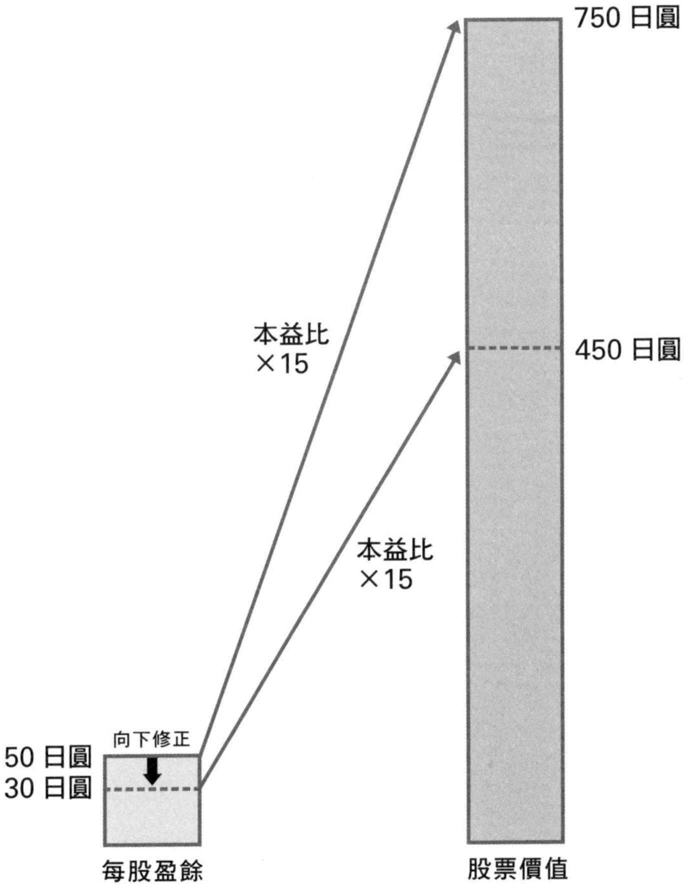

如果獲利（每股盈餘）不穩定，從獲利面來看的價值也會不穩定。

三個必要條件：「穩定的業績、樂觀的預測、穩健的財務體質」

針對個股的選擇，葛拉漢提出了以下條件：

❶過去十年具有穩定成長的實績
❷今後似乎也能維持穩定成長
❸財務體質穩健

實際上葛拉漢還提出許多細部條件，但重點整理起來就是這三項。

過去十年的業績可以從公司的網站上確認。

幾乎所有上市公司的網站，都有投資人關係的頁面（提供資訊給投資人的頁面），並將財務報表上傳到頁面中。只要查看這份資料，就能看出五年來的業績變化，只要將現在的財報數據與五年前的財報數據合併在一起看，就能知道這十年來的業績變化。

以葛拉漢的標準來看，十年來都沒有出現虧損，每年以平均二至三％的步調穩定成長，十年來利潤成長約三成的企業就算合格。

至於今後能否穩定成長，可根據公司的營業內容來推估：

- **這間公司的強項是什麼**
- **今後的世界是否需要這間公司的商品或服務**

至於財務體質穩健與否，首先要做的是確認自有資本比率，也就是確認資產中自有資本所占的比重。資產減去負債的金額，就是這間公司的資產淨值，也稱為淨資產，我們可以將自有資產當成是與淨資產幾乎同義的數值，所以自有資本比率，就是資產當中非負債的部分所占的比重。這個數值越高，負債在資產中的比重就越低，經營的安全性也越高。

一般來說，自有資本比率如果達五〇％以上，就可能代表貸款少，財務體質也較為穩健。

一家公司的財務體質越穩健，資金調度的空間就越大，克服不景氣、維持穩定成長的可能性越高，未來能維持每股盈餘穩定成長的可能性也越高。所以在自有資本比率較高的情況下，「從獲利面來看的價值」的可信度也會增加。

此外，自有資本比率越高，資產的品質也可能越好，從資產面來看的股票價值可信度也會增加。這點之後還會接著討論，雖然都是資產，還是有不同的內涵，資產品質也會有高低的差異。

股票價值的三個層面

接下來就從資產面探討股票的價值。

可以先將從資產面來看的股票價值想成每股淨值。

如前面所說，淨值就是公司的資產減去負債後的金額，是這間公司淨資產的價值。將這些資產平均分配到每張股票上的金額就是每股淨值，亦即「從資產面來看的價值＝每股淨值」。

而從資產面來看的價值加上商譽價值（高於資產價值，考慮到獲利面及將來性的部分），就決定了這檔股票的價值。

五十頁的圖就是以先前提到的A股為例，根據上述內容製成的示意圖。

目前從獲利面來看的價值是，每股價值×本益比15倍＝750日圓。這個七百五十日圓與每股淨值五百日圓之間的差額，就是商譽價值。

如果將來獲利能力擴大的可能性很高，從獲利面來看的價值就要再加上成長性的價值。舉例來說，假設數年後每股盈餘可能成長到一百日圓左右，那麼考量成長性之後的股價就是100日圓×15倍＝1500日圓。

「適當股價」的評估，可以由資產價值、從現在的獲利能力來看的價值，以及考量將來性的價值等三個層面來判斷。

這三個層面當中，葛拉漢最在乎的是資產價值與從現在獲利能力來看的價值，並以此作為判斷股票買賣時機的基準。

什麼是「股票的價值」？

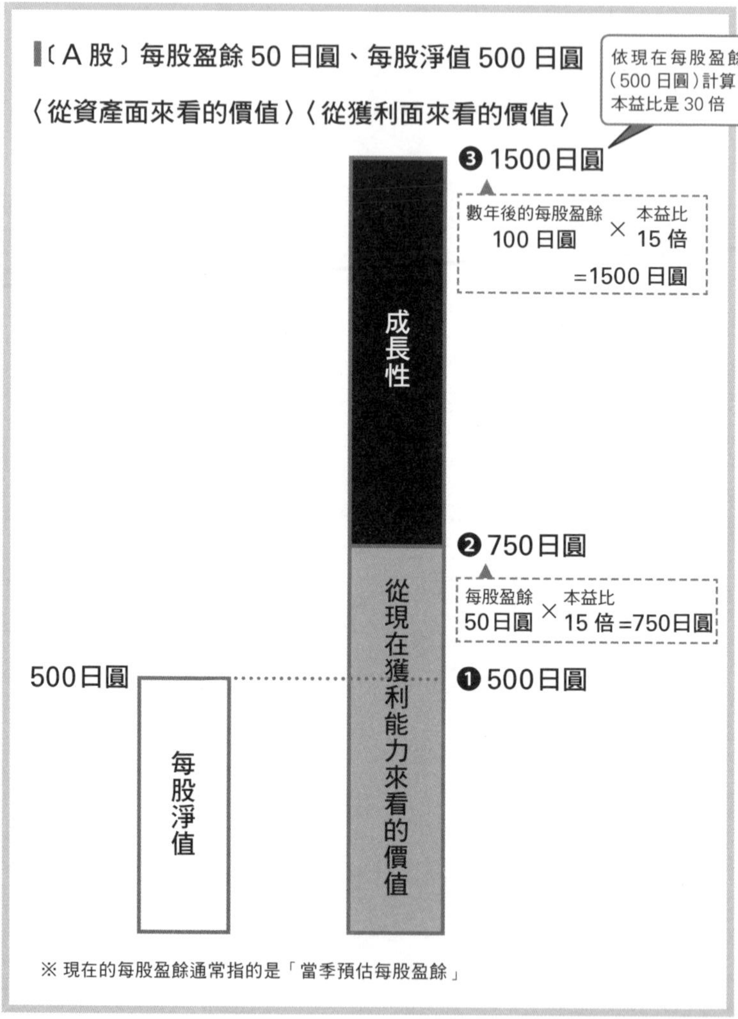
〔A股〕每股盈餘50日圓、每股淨值500日圓
〈從資產面來看的價值〉〈從獲利面來看的價值〉
依現在每股盈餘（500日圓）計算，本益比是30倍
❸ 1500日圓
數年後的每股盈餘 100日圓 × 本益比 15倍 =1500日圓
成長性
❷ 750日圓
每股盈餘 50日圓 × 本益比 15倍 =750日圓
從現在獲利能力來看的價值
500日圓
❶ 500日圓
每股淨值
※ 現在的每股盈餘通常指的是「當季預估每股盈餘」

投資價值股的基礎❷

利用股價變動，在超低點買進

現在我們已經大致理解股票價值的概念，下一步就是探討該如何利用股價變動，在超低點買進。

葛拉漢在著作中提到，判斷「超低點」的具體參考標準如下：

- **股價低於從現在獲利來看的價值的三分之二（本益比十倍以下）**
- **再加上股價沒有大幅超過資產價值，最好是低於資產價值**

如果買進之後股價順利上漲，等股票漲到「從現在獲利來看的價值水準」就算達成目標，可以考慮賣出。

以先前提到的A股為例，若買進時股價低於五百日圓，就算滿足了條件。

假設A股買進時是五百日圓。如果買進之後股價上漲，等股價漲到以現在獲利來看的價值所能計算出的七百五十日圓時，就可以考慮賣出。

假設當初預測錯誤，A公司的業績出乎意料地惡化，導致「從獲利面來看的股票價值」下滑，股價或許就會跟著下跌。

不過，每股淨值的水準，也可以作成為股價下跌的底限（支撐線）。

當然，如果股價持續低迷，也有可能跌破每股淨值；但容易陷入這種情況的，通常是財務體質不良，獲利能力不佳，將來可能為赤字所苦的公司。

一般來說，如果公司的財務體質穩健，獲利能力也很穩定，股票「最少也有相當於每股淨值」的價值。實際上，有很多投資者以此作為進行交易的判斷。這樣的公司即使一時業績惡化，多半也會在跌到每股淨值的水準就止跌，即使跌破，也多半不會低過太多。

根據我的經驗，就算在這種情況下認賠殺出，損失的程度應該也能控制在每股淨值的一成左右。但前提是這間公司必須財務體質穩健，獲利能力穩定……。

若根據以上的說明，思考「以五百日圓買進A股」的投資風險與報酬，可以得到成功時獲利二百五十日圓，失敗時損失五十日圓的結論。換句話說，只要背負損失五十日圓的風險，就能鎖定二百五十日圓的報酬。進一步來說，以本益比十倍、股價淨值比（PBR）一倍的低點價格，買進A股這種財務體質穩健、獲利能力穩定的股票，投資成功的機率相當高；且失敗風險與成功報酬差距多達五倍，可算是符合低風險、高收益的有利投資條件。

葛拉漢建議投資人可挑選五檔這樣的股票分散投資。雖然分散投資的過程中，還是會有某幾檔股票出現投資失敗的情況，但整體來說，獲得穩定收益的機率也會提高。

簡而言之，葛拉漢考慮的戰略，就是一邊利用嚴密的安全對策保護資產，一邊又能追求高額報酬。

該如何徹底做到「逢低買進，逢高賣出」

前面已經討論過：「要估算股票價值，在物超所值的水準買進，漲到適當水準就賣出」，也就是說只要能「估算股票的價值」，接下來就只要等股價在相對低點的時候買進即可，聽起來似乎相當簡單。

但實際上，「逢低買進，逢高賣出」這個看似單純的投資原則，執行起來卻是相當困難。我自己有將近二十年的投資經驗，至今仍覺得要做到這一點很不容易。

股價大幅下跌時，通常也是經濟與股市整體氣氛蕭條，多數人對市場做出悲觀預測的時候。有不少人在股價下跌時想要賣出股票，你有辦法抵抗這些悲觀的預測與蕭條的氣氛，買進股票嗎？

另一方面，如果想在股票票物超所值時買進，就必須有人以該價錢賣出。這個時候賣股票的人，有什麼樣的想法呢？一般來說，他們的想法通常是「這檔股票還會再繼續往下跌」。你能夠斷言別人看空的預測不準確，自己看多才是正確的嗎？股價大幅下跌，或許乍看之下很划算，但實際上可能隱藏著你不知道的不良因素。「雖然不太樂意在這麼便宜的時候賣出，但股價還會再跌，不這麼做也沒辦法」，或許是知情的人才會這麼想，並且在這時執意賣出股票。

聽起來可能有些極端，但實際在股價大幅下跌時買進，的確常會發生股價往下跌得更深的情形。我自己也有過好幾次投資失敗、失去資產的經驗，都是因為「貿然在低價買進」，或者說「單純地在低價買進」；且這樣的失敗至今仍無法完全避免。

在此我想說的是，「因為股價大幅下滑就買進」的投資方式很難成功，「單純地在低價買進」也有失敗的風險。這是相當困擾投資專家的問題，絕對不簡單。

想要成功地在低價買進，就必須再次仔細評估：

- **為什麼這檔股票會下跌**
- **賣這檔股票的人，為什麼會以這麼低的價格賣出**
- **自己在這時買進這檔股票的理由是否正確**

並且在一定程度上確信「這時賣股票的人錯了，自己才是對的」。

至於評估方式如同前述，可以觀察以下項目：

● 業績的穩定性
● 事業內容
● 財務的穩定性
● 從資產來看的超值感
● 從業績來看的超值感

並根據這些項目思考能否斷言：「果然，無論怎麼想這個價格都很划算，從風險與報酬的比例來思考，也是有利的投資條件。」

另一方面，當股價上揚時，對市場發展有信心的人也會增加，股市充斥著「還會再漲」的樂觀氣氛，而想要抗拒這些看多的聲音與樂觀氣氛，將股票賣出，同樣非常困難。

若股價達到目標卻不賣出，想持續持有，請務必提出這麼做的明確理由。如果找不到明確的理由，最好還是遵循當初訂下的目標，獲利了結。

不要受市場先生的擺布，要反過來利用他

葛拉漢年輕時因為股價變動的影響而困擾不已，這使他日後益發深入地鑽研股價變動的意義。

他認為「重點在於不被股價變動所擺布，要反過來加以利用」，他不斷深入思考「該怎麼做才能利用股價變動？」在他的著作中這個主題占了很大的篇幅。

他得出的結論包含：

- **股價變動長遠來看確實會反映出股票的價值變化；但短期來看卻與股票的價值無關，不過是一種超漲或超跌的現象。**
- **投資人必須確實判斷出股票的價值，利用超漲或超跌的情況，在有利的價格買賣。**
- **超漲或超跌的情況會動搖投資人的信心，要避免被這樣的心理因素影響。**

所謂投資人的心理因素，指的是投資人因陷入過度不安的狀態，而無視價值拋

利用股價變動

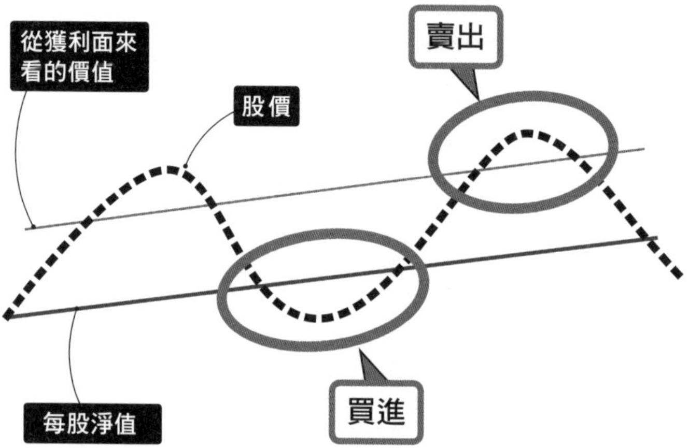

必須鎖定無論從資產面還是獲利面來看，「價值」都穩定成長的公司發行的股票。這些股票的價格來到超低點時，就是絕佳的買進時機。
股價水準就長遠來看，與「價值」相符，但短期來看，卻會出現與「價值」無關的上下震盪。買進或賣出的時機就會在此出現。

售股票；或是在過熱急漲的市場中，看到迅速增加資產的人，就急著「也想撈一筆」，而無視價值，貿然買進。

無論如何，一旦投資人受到不安或欲望的驅使，陷入亢奮狀態，便無法做出冷靜的判斷，容易集體做出無視於股票價值的拋售、或高價買進等投資行動。無論從前還是現在，這樣的行為都會一再重演。

葛拉漢叮嚀投資人，千萬不能被這種集體歇斯底里的狀態牽著走，應該冷靜思考如何反過來加以利用。

針對這點，葛拉漢創造出「市場先生」這位架空人物，並寫了一則寓言。寓言的內容如下：

有一位名叫市場先生的人，與你分別出資一百萬日圓，共同成立了一家公司。市場先生是個相當熱心且親切的好人，每天都會跟你分享他對手上股票價格的想法。他願意用這個價格購買你的持分，你也可以買下他的。

有時候他告訴你的股價符合你對這間公司的看法，讓你覺得這個價格很適當。

但有時候，市場先生也會提出異常的低價或異常的高價，讓你覺得他是不是瘋了。

那麼，你還會根據市場先生每天說的話，來判斷自己手上股票的價值嗎？

你也可以不被市場先生迷惑，在他提出離譜低價時買下他的股分，開出離譜高價時將股分賣給他。如果做得到，當然是非常幸運的事；但在其他時候，最好還是根據事業內容與財務狀況的相關資料，堅持自己對於手上股票的想法，才是明智之舉。

我想各位已經發現，市場先生指的就是股票市場。股票市場就短期來看，會出現許多不合理的變化，市場上的股票價格可能會變得異常的高或異常的低。投資人在這種情況下，絕不能受到欲望與恐懼擺布，做出歇斯底里的行為，必須冷靜且合理地利用這樣的變化。

總之，投資人對於股票的價值必須擁有堅定的想法，並且確實做好風險管理。具體來說，風險管理就是避免做出金額過大的投資，謹記分散投資的原則，如果覺得投資失敗，就要盡早停損等等。

無論對於股票價值的判斷多麼正確，如果投資金額過大，股價有些微的變動就會影響自己的心情與判斷。為了能在股價發生預期外的變動時也能冷靜以對，務必謹記避免投資金額過大、以及分散投資的原則。

成長股投資的陷阱與可能性

前面已經看到，「股票價值」的概念可以分為從資產面來看的價值、從現在的獲利來看的價值、以及包含成長性的價值等三個層面，但葛拉漢的投資戰略只考量從現在的獲利面來看的價值，關於未來性的部分完全沒有考慮。

以A股為例，股價七百五十日圓已經大幅超過從資產面來看的價值，若從現在的獲利來看的價值來評估也不便宜。所以就葛拉漢的標準而言，股價七百五十日圓的A股已經不是買進的對象。反而當初如果以低價水準購買，這時已經可以考慮獲利了結了。

不過，若以包含成長性在內的價值一千五百日圓來思考，即便以七百五十日圓的價格買進，A股也有充分的上漲空間，依然具備投資魅力。這種著眼於未來價值的投資概念，稱為「成長股投資」。

事實上，葛拉漢並不看好這種投資方式，他尤其反對投資高利益成長率的股票。雖然一般會覺得如果每股盈餘擴大，股價也可能大幅上漲，因此高成長潛力公司的股票，相當具有投資魅力。實際上也有許多投資者透過投資成長股創造了龐大的財富；儘管如此，葛拉漢還是反對投資成長股，這是為什麼呢？

他的理由是：

- **很多的案例都無法維持穩定的高成長率**
- **高成長企業的本益比通常也很高**
- **以高成長為目標的經營一旦亂了節奏，很容易大幅失速**
- **高本益比的狀態下，如果業績開始惡化，股價很容易大幅下滑**

維持高成長率很辛苦，成長停滯的情況很常見；不僅如此，高成長的企業中，也有一些公司為了達成目標，會採取不合理的經營方式。這樣的情況下，一旦經營亂了套便會難以修正，業績因此大幅惡化的例子屢見不鮮。

高成長股通常人氣很高，很容易發展成高本益比的狀況，但如果成長率下滑，就隱藏著股價大幅下跌的風險。

我們可以試著透過以下的例子來思考。

〔B股〕
每股盈餘　去年100日圓，今年130日圓（預估）
股價　3900日圓

由於今年預估的每股盈餘是一百三十日圓，股價是三千九百日圓，因此：

以當季預估為基礎的本益比＝3900日圓÷130日圓＝30倍

假設這個企業的利益持續以每年三〇%的步調快速成長，三年後的每股盈餘將超過兩倍，達到二百八十六日圓。如果每股盈餘達到二百八十六日圓，即使股價為三千九百日圓，本益比也不到十四倍，看起來就沒那麼高了。

3900日圓÷286日圓＝約13.6倍

然而，若成長稍微不如預期，B公司今年預估的每股盈餘下修二〇%，變成只有一百零四日圓，會發生什麼事呢？雖然與去年的一百日圓相比還是有所成長，但成長率下滑到四%，要維持本益比三十倍的高水準應該會變得相當困難。

可想而知，投資人在這種情況下，很可能因成長不如預期，而失望地拋售股票。加上成長率降低，投資人對本益比的評價下修到平均水準的十五倍也是理所當然，但如此一來，股價就會變成：

每股盈餘104日圓×本益比15倍＝1560日圓

不只盈餘向下修正二〇%，股價也從三千九百日圓跌到一千五百六十日圓，下跌了六〇%。

這雖然只是模擬計算，但實際的股票市場經常發生這樣的變化。

就我的經驗來看，高成長股的交易確實如葛拉漢所說，有其相當困難的一面。

雖然充滿魅力，但用一般手段操作是行不通的。首先，投資人很難判斷一檔股票是否能夠維持目前的高成長率，或是不是真正的成長股；再者，如果預測失準，股價可能大幅下跌。

當然，這些股票當中確實存在著每股盈餘能夠成長好幾倍、股價也能成長好幾倍的成長股。但越是真正的成長股，股價越會超出從資產來看的價值以及從收益來看的價值，這種時候，投資可以依靠的線索只剩下成長性。

然而，成長性的預測既不確實，也容易變動。所以這些公司的股價，無論如何都很容易在期待與不安之間大幅擺盪，而投資者也必須忍受這種股價變動。

一言以蔽之，成長股投資的不確定因素多，股價震盪也大，重視守成的葛拉漢，應該是再怎麼想都無法接受吧！

但如同先前提到的，還是有投資者透過投資成長股而獲得相當大的成功。本書登場的傳奇大師中也有這樣的投資者，葛拉漢的得意門生巴菲特就是其中之一。他雖然遵守葛拉漢投資概念的基本框架：「買進價格大幅低於原本價值的股票。」但在投資者生涯的中期也逐漸轉向投資成長股，並達到前人未及的成功境地。

這麼一想，就會覺得我們還是應該學會投資成長股的方法。那麼，我們該如何掌握連葛拉漢都因為覺得困難而放棄的成長股投資呢？

下一章，我們將來看巴菲特的第二位老師菲利普·費雪，他也是成長股投資的巨匠。葛拉漢在書中曾這樣介紹費雪：「（投資成長股雖然很難）但有一位分析師例外，他不斷說中有發展潛力的成長股。」由此可見，費雪絕對是學習投資成長股時，不可錯過的傳奇大師！

高成長．高本益比的風險

假設有一間預估年成長率 30%，
三年內獲利可成長二倍的公司……

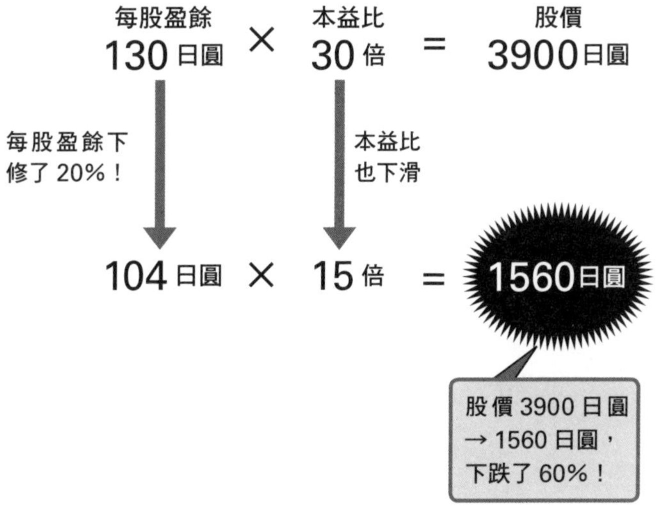

股價由「每股盈餘 × 本益比」決定。若高成長、高本益比的股票業績下修、結果不如預期，那麼不只每股盈餘，連本益比也會大幅下滑。而兩者相乘之下，股價的向下修正率甚至會多達好幾倍。

CHAPTER 2

尋找成長股就像尋找一生的伴侶

跟著菲利普·費雪學習
尋找「持續成長股」的方法

■菲利普·費雪 *Philip Fisher*

利用十五個檢查項目 找出能持續成長幾十年的成長股

菲利普·費雪　一九〇七年生，二〇〇四年卒。曾在史丹佛大學商學院修習管理學，之後當過證券分析師，一九三一年成立投資顧問公司。成功建立超級成長股投資理論，能夠找出持續成長數十年，股價翻漲數十倍的成長股。他也是巴菲特的另一位導師。代表著作為一九五八年出版的《非常潛力股》（*Common stocks and uncommon profits*）。

影響巴菲特的「成長股投資巨匠」

菲利普·費雪曾傳授巴菲特成長股投資的精髓，他被稱為成長股價值投資策略之父。與價值股投資的巨匠班傑明·葛拉漢活躍於同一時期，卻是透過相反的投資方式獲得成功。

費雪大學畢業後進入證券業擔任分析師，一九三一年，他二十四歲時便獨立開業，成立投資顧問公司，自此直到二〇〇四年以九十六歲高齡去世為止，終其一生都專心致志地投資成長股。

一九二九年股價大崩盤、全球陷入恐慌時，費雪開始了投資家的生涯，之後的人生就與美國經濟共同成長，幾乎可說是從中獲利最多的投資者之一。

他在大學修學管理學，每週都與大學教授一起拜訪各式各樣的企業並進行討論，透過這樣的實地訓練，他開始對「一間好公司需要哪些條件」、「什麼樣的企業可以持續發展」等問題產生興趣。

畢業之後在證券業待了三年左右，到了二十四歲時，他確信「只要經過徹底調查，鎖定少數真正優秀的企業進行投資，就能獲得成功」，於是便獨立開業。

費雪所謂的少數真正優秀的企業，指的是能持續成長數十年、股價上漲數十倍的企業。事實上，費雪鎖定了陶氏化學（Dow Chemical）、摩托羅拉（Motorola）、德州儀器（Texas Instruments）、康寧（Corning）等極少數個股，徹底調查之後才進行投資，並與客戶共同持有這些企業的股票長達數十年，每檔股票都實現獲利數十倍、甚至數百倍的績效。

這些費雪稱之為「極少數具備壓倒性成長力的企業」，從長期來看都是有潛力成長數十倍的企業。他建議散戶投資者只需鎖定這些股票徹底調查、進行投資即可，並在著作中也說明了能夠分辨出這些「極少數傑出成長股」的「十五個要點」。

接下來我將會介紹這十五個要點，各位讀了之後，除了點頭稱是，覺得「原來如此」之外，或許也會對某些項目產生「該怎麼調查」的疑問。其實我讀了費雪的著作之後，也有同樣的疑問，甚至覺得有些項目根本無從查起。但這並不會造成妨害，即便只是把疑問留在心底，懷著「如果有機會的話想要知道」的想法，盡可能地調查、思考「費雪的十五個要點」當中可以確認的部分，藉此選擇自己覺得「相當優秀」的企業就可以了；即便不能確認全部的項目，也相當助於選出成長股。

費雪流的股票調查法

——「打聽消息」並閱讀資料做準備

至於費雪自己是如何調查想要投資的企業呢？如果他發現覺得不錯的企業，會盡可能地收集以下資料：

- **財務報表或有價證券報告書**
- **報紙或雜誌的報導**
- **分析師報告**

財務報表或有價證券報告書，是日本企業每三個月會製作一次的業績與財務內容報告，在企業網站上就能看到。除此之外，網站上也會刊出許多能夠詳細了解該公司的線索，請各位務必上網確認。

至於報紙的報導，部分證券公司會提供類似「日經通訊21」等相當便利的服務，利用這類服務即可搜尋《日本經濟新聞》，或日本經濟新聞社出刊的專業報紙的報導，使用這類服務搜尋想要調查的企業，就能夠有效率地找到相關資訊。

當然，使用網路上的一般搜尋，調查該公司的相關新聞也是不錯的方法。即便是散戶投資者，也能輕易地透過網路搜尋找到一定程度的資料。

費雪在進行了上述的調查之後，還會四處向相關人員「打聽消息」。所謂相關人員，指的是經營者、員工、客戶、對手公司等等。

像你我這樣的散戶投資者，或許很少有機會直接詢問經營者或員工，就必須善用有限的機會，設法做到近似於費雪的「打聽消息」作業，方法包含：

- **股東大會、以散戶為對象的說明會**
- **投資人活動**
- **打電話詢問投資關係負責人**
- **打電話詢問對手企業或客戶的投資關係負責人**
- **詢問認識的員工或相關人員**

只要持有最小單位的股權就能出席股東大會；最近針對散戶投資者的說明會也越來越多。

日本經濟新聞、東京證券交易所，或其他的交易所也經常舉行盛大的投資人活動。這類活動會集合數十間上市企業，針對投資者，舉行迷你說明會，並回答相關的問題。

而如果有具體的問題，也可以試著打電話詢問投資關係負責人。幾乎所有日本的上市公司都有專門與投資人溝通的投資關係（ＩＲ）部門，也有越來越多的公司會仔細回答散戶投資者的問題。

總而言之，收集各式各樣資料以找出「少數傑出成長股」，盡可能進行調查以深入了解鎖定的企業，便是費雪流的做法。

利用「費雪的十五個要點」找出傑出成長股

接下來將進一步書說明費雪「找出少數傑出成長股的十五個要點」。

為了幫助讀者理解，我除了改變費雪在著作中的編號與順序外，也會將各個項目分成不同的群組。

由於費雪專門投資高科技與化學等技術性的公司，這「十五個要點」多少會讓人覺得是以技術性公司為主的項目；但我認為其中還是有許多部分也適用在服務業及其他業種，請各位務必參考。

當中的內容可分為：「持續擴大營收的能力」、「產生利益的能力」、「人才及經營者素質」、「回饋投資人的態度」等四個主題。

彙整之後就變成：「一個企業長期且持續擴大營收，盡可能獲取更多利益，採取將利益回饋給投資人的態度，且擁有具備這些能力與態度的經營者及高素質人才。」

這樣的企業，正是費雪尋求的成長企業。

找出傑出成長股的要點❶&❷

▼擁有能讓今後五年營收成長的商品
▼可望研發出五年後也將持續擴大營收的新商品

有些公司可能會因為擁有超熱門商品而急速成長，但熱潮卻只能維持一、二年，這類「曇花一現」的公司並非費雪追求的長期投資對象，雖然其股價可能在短期內急漲。若能夠盡早察覺熱潮，果斷地順勢投資或許是不錯的選擇，可能有機會

費雪找出成長股的「十五個要點」

觀察「持續擴大營收能力」的六項要點

❶ 擁有能讓今後五年營收成長的商品
❷ 可望研發出五年後也將持續擴大營收的新商品
❸ 積極研發，並擁有能夠獲得良善成果的制度
❹ 擁有獨特且領先業界的技術或 Know-How
❺ 擁有優秀的業務部門
❻ 擁有企業營運的長遠展望

觀察「產生利益能力」的三項要點

❼ 高營業利益率
❽ 為了維持、改善營業利益率而做出充分的努力
❾ 確實進行成本分析、財務分析

觀察「人才及經營者素質」的四項要點

❿ 建立良好的勞雇關係
⓫ 擁有能夠發揮管理人員能力的環境
⓬ 擁有許多優秀的管理人員
⓭ 經營者能誠實說出不利的狀況

觀察「回饋投資人的態度」的二項要點

⓮ 對投資人誠實
⓯ 沒有增資的風險

在短期內獲得龐大利益。

然而，這種上升行情的壽命很短，股價波動也大。包含這類股票在內，如果想要掌握相對短線的飆股，可以參考第五章登場的威廉·歐尼爾的「CAN-SLIM」投資法。

費雪追求的成長股，並非曇花一現的成長股，而是能持續成長長達數十年的「少數傑出成長股」。

想要持續擴大營收，就必須不斷開發出優良的商品與服務。費雪為了確認他想要投資的公司是否具備這樣的特質，會檢查這間公司「現在是否擁有優良的商品？」「今後五年是否能透過這項商品擴大營收？」

再者，費雪還要求這間公司必須擁有強化現有商品或研發新商品的計畫，以期營收在五年之後也能繼續擴大。

找出傑出成長股的要點❸

▼積極研發，並擁有能夠獲得良善成果的制度

為了持續強化現有商品並開發出有力的新商品，研發能力非常重要。調查一間公司對研發的投入，看似非常瑣碎又麻煩的作業，但其實可以簡單地從財報中確認研發費用占營收的比重，或與其他同業比較看出端倪。

公司內部的制度是否能讓挹注在研發的資金與人力發揮效能，或是公司環境是否能讓研發人員保有高度熱情等項目也很重要，但要從外部確認相對較為困難，因此只能從目前為止的研發成果加以判斷。

除此之外，報章雜誌或電視節目如果出現相關報導，也可以仔細確認內容。

找出傑出成長股的要點❹

▼擁有獨特且領先業界的技術或Know-How

確認研發能力之前，最好先了解該公司是否有獨特的技術或Know-How。若

能活用原本累積的技術進行研發，或許更有機會產生成果。

如果研發的內容與原本的技術或Know-How缺乏關聯，很有可能會白費金錢與力氣。

找出傑出成長股的要點❺

▼擁有優秀的業務部門

業務能力的重要性不僅在於能擴大營收，還在於能透過與客戶的互動，取得有助於商品開發的資訊，就某種意義而言，後者也同樣重要。

銷售網、客服系統與廣告宣傳優異與否也都是評估的重點。

找出傑出成長股的要點❻

▼擁有企業營運的長遠展望

能否站在長期發展的角度從事研究開發或銷售活動也非常重要。研發活動雖然無法立刻轉變為獲利，但為了將來的營收成長，即使在某種程度上犧牲目前的收益，還是必須費心投入。就這層意義來看，觀察一間公司對於研究開發的態度，就能在一定程度掌握這間公司是否擁有長期的展望。

此外，觀察一間公司在面對客戶時能否考慮長期的發展也是一個重點。舉例來說，當發生糾紛時，是否能不惜犧牲眼前利益，也要耗費成本贏得客戶的信任。若以眼前的利益為優先，不理會客戶抱怨或許是較為合理的做法，但以長遠的眼光來看，這將損及公司的信譽，成為將來獲利減少的潛在原因。

找出傑出成長股的要點❼

▼高營業利益率

公司營收能帶來多少利益與能否擴大營收同樣重要，費雪會透過調查營業利益率加以確認。

營業利益率是營業利益在營收當中所占的比重，計算方式如下：

營業利益率＝營業利益÷營收

公司的利益有幾種不同的類型，營業利益指的是本業獲取的利益，營業利益率越高，就代表這間公司主要業務的獲利能力越好。

這個指標的理想狀態是「比其他同業高，且逐年提高」。營業利益率高於其他同業，代表這間公司在業界的強勢地位；而這個指標如果逐年增高，就代表獲利能力有逐漸增強的傾向。

找出傑出成長股的要點❽&❾

▼為了維持、改善營業利益率而做出充分的努力

▼確實進行成本分析、財務分析

為了提升營業利益率，企業必須努力「提高商品附加價值」、「降低成本」等。因此持續進行研究開發與業務效率的改善活動至關重要。

只要研發出其他企業無法模仿、許多人想要的商品，就能調高價格，提高營業利益率。

再者，如果能夠透過持續改善業務效率來降低成本，就能進一步再提升營業利益率；而日本企業在這方面以豐田汽車的「改善運動」最為出名。

另一方面，一味採取犧牲研發、員工或客戶的成本削減策略，則可能危及將來的發展。最好能在不犧牲必要花費的情況下，持續研發有魅力的商品，並進行改善業務效率的活動。

為了持續且有效地削減花費，公司必須確實做好成本分析與財務分析。雖然要確認這一點對散戶投資人來說也不容易，但只要企業積極且持續削減花費，並將成果展現在業績上，應該就能將其視為優秀的公司。

找出傑出成長股的要點⑩

▼建立良好的勞雇關係

聚集優秀人才，讓他們對工作抱以高度熱情，正是為公司帶來成長性的關鍵。

因此勞雇關係是否良好也是評估的重點。費雪認為，判斷勞雇關係是否良好的具體項目包括：是否具備良好的研習制度與進修制度、薪資是否高於業界水準，以及這些福利條件是否能夠帶來低離職率等。

找出傑出成長股的要點⓫&⓬

▼擁有能夠發揮管理人員能力的環境

▼擁有許多優秀的管理人員

一間公司如果想要持續成長，不能只依靠一位強勢的經營者，也必須持續培養出優秀的經營人才。

最好是公司中有許多可能成為下一任經營者的優秀管理人員，擁有高度的工作熱忱。而為了達到這個目標，除了優秀的研習制度、進修制度、高薪體制與低離職率外，以下項目也很重要：

● 創業者家族之外的人，也有機會憑藉著實力成為經營者
● 從內部培養經營者，而非從外部尋找

若一間企業由創業者家族以大股東的身分掌握實質支配權，且無關實力，只有家族內部的人能獲得禮遇高升，家族外部的人，不管能力再好，也沒有飛黃騰達的機會，就無法激發管理人員的熱情。

此外，若企業不具備培養管理人才，使其成為經營者候選人的體制，總是由外部找來空降的經營者，也會使管理人員失去動力。

實際上，從外部找來空降經營者的情況有很多失敗的例子，費雪認為，從內部培養經營者的公司，較能夠維持長久的繁盛。

有些由創業者一人強勢經營的公司，因為經營決策的速度較快，也有可能展現優異的成長力。此外，這些強勢經營者的後裔，可能從小就接受成為經營者的訓練，並在累積一定的實力後繼承公司，有時也會將公司經營得有聲有色，不輸給上一代。

換句話說，無論是否為創業者的後裔，只要從內部的管理人員中用心培養下一任經營者，以實力主義決定繼承人，並獲得全公司的認同即可。

找出傑出成長股的要點⓭

▼經營者能誠實說出不利的狀況

經營者的素質也可以從其發言內容判斷。

- 發言是否具備一致性與合理性
- 預測是否準確
- 說過的話是否能夠實現
- 是否能夠誠實說出不利的狀況

以上這幾點非常重要。

費雪提出的十五個要點，可以做為判斷經營者所言是否合理的依據。

費雪特別重視「是否夠誠實說出不利的狀況」。多數的經營者很難承認自家公司的缺點，即使業績惡化、或發生其他不利的狀況，也多半會想盡辦法蒙混過去，或是把「景氣不好」當理由，怪罪到大環境上。

相對地，能夠誠實說出不利狀況的經營者，才具備冷靜分析自家公司狀況的客觀性，若遇到問題，也擁有直接面對、改善的態度與能力。

找出傑出成長股的要點⓮

▼對投資人誠實

一個好的投資標的，必然會採取「對投資人誠實」的態度。因為無論是多麼賺錢的企業，都有可能發生經營者巧妙竊取企業利益，或中飽私囊的狀況。

費雪指出，有些經營者會用自己家人的名義成立空頭公司，這些公司實際上什麼事也沒做，卻以收受手續費或經營指導費等名目賺取公司的資金，減少原本應該回饋給投資人的利益。

另外，費雪也提到必須小心隨便發行選擇權的公司。

選擇權是以一定的股價買進股票的權利，做為與成果連動的獎勵對經營者或員工發行。股價上漲時，能夠行使選擇權買進股票，並將股票以時價賣出，賺取差額。如果只是為了提高經營者與員工的動力，適量發行選擇權並沒有問題。

但是，如果隨意發行、行使選擇權，就會使股票數量大幅增加，降低既有股票的價格。說得更極端一點，如果已發行的股票數量增加到兩倍，原本的股東所擁有的公司股分與每股盈餘就會減半。這稱為股分稀釋，是股價下滑的主要原因。

選擇權發行之後，會以「潛在股分」的名目登錄在財報上，並且也會計算出稀釋後的每股盈餘加以公布。如果只有稀釋數個百分點左右，就不需要太過在意，但若稀釋幅度太大，或許就該思考「這間公司是否不太為股東著想」。

至於配息，費雪認為配息金額過高，並非「對股東誠實」的作法。

因為就結果而言，高成長性企業與其將賺得的利益分配出去，還不如保留在公司內部作為成長投資對股東來得有利。這麼做能讓股票有機會漲到配息的好幾倍。費雪說：「如果為了眼下的些微配息而犧牲未來賺大錢的機會，那就太可惜了。」

▼沒有增資的風險

增資指的是為了籌措資金發行新的股票。這個舉動會讓已發行的股票數量增加，暫時減少每股盈餘，也是一種股分稀釋，同樣會造成股價下跌。

我們可以透過公司的自有資本比率，在一定程度上判斷出是否有增資的可能性。一般來說，若自有資本比率超過五〇%，代表財務寬裕，自有資金或貸款就足以供應擴大事業所需的資金，多半不會發生每股盈餘被稀釋的情況。但另一方面，若自有資本比率低於四〇%，擴大事業時就經常需要增資，因為貸款會使自有資本比率降得更低，經營也會變得不穩定。

這不是絕對的標準，頂多只是大致的參考。若自有資本比率在四〇%至五〇%之間，在需要資金來擴大事業時，也有一定的可能會買下自家公司股票。

費雪認為，第十五項要點的重要性比其他十四項都低，在某些情況下不能滿足這項條件也無所謂。

此外，很多規模小但具備高度成長性的公司，雖然財務體質不太穩定，但卻有較多成長機會。如果無論如何都必須在這種情況下擴大事業，往往就會仰賴增資。如果一開始就將可能增資的企業排除在投資的選項之外，很有可能會錯失這種規模小，卻擁有成長性的企業。

買進傑出成長股時，本益比到三十倍左右都在容許範圍

看完了以上的「費雪的十五個要點」，接下來的問題是，如果參考這些項目找到不錯的股票，應該在什麼時機買進才好呢？

事實上，費雪不太講究買賣時機。對他來說，找出那一小撮的「傑出成長股」才是最大的課題，只要找到這樣的股票，「無論在什麼時機買進，長期來看都能獲得很好的回報」。費雪認為，他鎖定的是可能上漲幾十倍的股票，所以漲跌在五成之內的價格變動，根本微不足道。

但是，在行情泡沫化的高點買進，與在泡沫破滅的低點買進，之後的績效天差地遠也是不容忽視的事實，所以費雪也承認「為了達到更好的績效，買進時機有時也很重要」。

因此最好還是避免在泡沫行情將股價墊高時買進。所謂的泡沫行情，就是股價漲到偏離現實的狀態，分辨這種狀態的線索，就是本益比。

費雪雖然沒有明確提出股價在低點與高點時的本益比基準，但他似乎認為，傑出成長股的本益比即使達到平均水準的兩倍，也還在買進的容許範圍。換句話說，若本益比的平均水準在十五倍左右，那麼成長股的本益比高達三十倍也還是可以買進的範圍。

但是，若本益比超過三十倍，達到四十倍、五十倍甚至更高時，就買進水準而言，還是過高了！

費雪思考出的三種買進時機

費雪建議的買進時機有三種：

❶暫時性的業績惡化導致股價下滑時

❷新事業上軌道前的摸索期

❸結構調整確實進行且展現出成果，卻沒有反應到股價時

我想其中❸是最容易掌握的時機。只要持續觀察該檔股票，應該就能從業績等數字，看出何時會開始展現成果。儘管業績改善，股價卻一直沒有起色的情況經常發生。如果該檔股票因此暫時失去人氣，不再關注的投資人便很容易錯失其復活的徵兆，但對於仔細觀察的投資人來說，就更容易覓得買進良機。這種判斷買進時機的方法，就彷彿是在黑暗中尋找微光。

另一方面，❶與❷的狀況則像是在一片漆黑當中，摸索買進時機，所以更加困難。

因為我們在一間公司狀況不佳時，很難判斷這只是一時的現象，還是從此步上衰退之路。

公司業績好的時候，很多專家或報導會稱讚它「是間了不起的公司」，投資人也會做出「這間公司果然很厲害」的判斷；但另一方面，公司業績不好的時候，指出相關問題點的報導與專家也會增加，投資人的判斷也容易偏向「這間公司果然不行」。這樣想就不難理解，在公司狀況不佳時，要斷定「只是暫時的現象」，並買進其股票，其實非常困難。

業績與股價低迷時正是考驗投資人的時候

但仔細想想，費雪所謂的「傑出企業」相當稀有，一生當中如果能找到幾檔自己可以認可的「傑出企業」股票，就已經相當幸運了。至於其他大部分的企業，我們會覺得難以判斷，也是理所當然。

重點在於，必須持有自己真正認同的「傑出成長股」。一旦發現自己覺得不錯的股票，就要盡可能深入調查，並徹底思考。如果打從心底認為「不管怎麼想，這間公司今後都能長期興盛」，覺得「即使股價、業績、景氣有一定程度的震盪，我也能持續相信這檔股票」，那就買下來，這點非常重要。如果只在自己深入理解且認同後才再買進股票，即便因為一時業績不佳造成股價下跌，或出現各種悲觀的評論時，應該也都能夠不失冷靜地判斷買賣時機。

此外，當一間公司的業績或股價陷入低迷時，也是考驗其股票對自己而言是否為「傑出成長股」的時機。若因為業績不振或股價下跌，而影響的自己的心情與判斷，這間公司恐怕就不適合做為長期的投資對象。

再者，除了企業本身業績不振，金融危機、恐怖攻擊、大地震等外在因素導致股價大幅下滑時，雖然是買進成長股的時機，但也可說是考驗自己是否真正理解這檔股票的時候。

如果自己的心情會受這些狀況影響，最好還是不要勉強買進。因為也必須考慮以下的可能性：

- **這檔股票並非真正的「傑出成長股」，極有可能從此一厥不振**
- **即使是真正的成長股，股價之後也可能再往下跌，或持續震盪**

即使這檔股票是真正的傑出成長股，並且在股價急跌的情況下買進，若之後股價再往下跌，呈現不穩定的變化，還是有很多人會因為心意不堅定而認賠殺出，無法繼續持有。

必須擁有足以證明自己的忍耐力

如同到目前為止所看到的，若想要依靠傑出的成長股獲得成功，就得要有「足以證明自己的忍耐力」。費雪也好，葛拉漢也好，巴菲特也好，都曾說「投資要有忍耐力」，也都強調「忍耐力」的重要性。

但如果是沒有任何根據的忍耐力，也只會招致悲慘的結果。因為大部分的股票都不是傑出的成長股。

雖然有些部分在前面也提到過，但重點就是：

- **透過自己本身的判斷，找出能夠打從心底認同的傑出成長股**
- **在這檔股票因為某種因素影響大幅下跌時，大量買進**
- **買進之後也持續保有信心**

即使業績稍微惡化、股價上下震盪也能不受影響，且必須克服各式各樣的困難持續保有。當業績與股價低迷時，反而要視為絕佳進場時機，買進更多股票。投資者也能藉著這樣的行為，表明對該公司的支持與支援。

尋找長期投資的股票，就像尋找一生的伴侶

這麼說或許有點誇張，但費雪挑選股票的方法，給人的感覺就像是尋找一生的伴侶或夥伴。一生當中，可以遇到多少能夠由衷信賴，在遭受困難時想要給予支援的人呢？遇到這種人的機會，應該就和發現能夠打從心底信賴、長期持有的股票一樣難得！

尋找這樣的股票時，也要看合不合得來，有沒有得到啟發。若從「這檔股票似乎不錯」的直覺開始似乎也無妨。

然而，在之後深入相處的過程中，就需要透過仔細的調查與思考，熟悉這檔股票了。如果確信這檔股票可以打從心底信賴，那就堅定地與它繼續往來。

只不過，就算是用心挑選，也可能選錯伴侶，導致人生遭受嚴重打擊。幸好投資股票與挑選伴侶還是有些不同，不需要把所有資金集中在同一檔股票上。只要分散投資多檔股票，即使遭遇一定程度的失敗，也可以依靠其他股票的成功彌補。費雪就建議投資人，可以分散投資五檔左右的股票。

CHAPTER 3

結合「價值股投資」與「成長股投資」優點的
最強投資法

跟著華倫·巴菲特學習

發掘「優質成長股」的
買進方法

■華倫・巴菲特 *Warren Buffett*

利用「特權優勢」找出超優質企業，等到股價來到超低點時再買進

華倫・巴菲特　一九三〇年出生。以打工賺得的資金展開投資，生涯創造出高達五兆日圓的個人資展，堪稱史上最強的投資者。巴菲特透過自己擔任CEO，同時也是最大股東的波克夏・哈薩威（Berkshire Hathaway）公司，進行各式各樣的投資與併購。直到八十四歲的現在（二〇一四年），依然是活躍在最前線的投資者，舉手投足都受到全球金融從業人員的關注。

長年維持年平均成長近三〇%的成績，讓資產增加到數千倍的超級巨星

第三位介紹的投資大師是華倫・巴菲特，他徹底吸收了價值股投資的葛拉漢，

與成長股投資的費雪這兩大巨頭的精華，成為績效最高的現代投資者。

巴菲特出生於一九三〇年，在他出生的前一年，股價剛遭逢歷史性的暴跌，他就在延續經濟大恐慌的一九三〇年代渡過了童年。巴菲特從小就擅長計算，並對經商感興趣，也會積極地透過打工與簡單的買賣賺取零用錢。

他從孩提時代就展現出對股票投資的興趣，十幾歲時就懂得研究股價圖，並運用打工存到的錢，一點一點地開始投資。

他在十九歲時，讀了葛拉漢的《智慧型股票投資人》後，開始接觸價值股的投資概念，正式地一頭栽進了投資當中。

在此之後，他為了接受葛拉漢的指導而進入哥倫比亞大學的商學院就讀，畢業後曾在證券公司上班，後來進入葛拉漢的投資公司，跟著葛拉漢徹底探究價值股投資的方法。

巴菲特在二十五歲時獨立開業，成立自己的投資公司，開始操作基金。他操作這檔基金的期間是十三年，一開始投入的一萬美元，最後變成了二十六萬美元。

雖然之後會再詳細介紹，但在此先簡單說明，巴菲特在一九六五年，操作基金的過程中，併購了波克夏．哈薩威公司（以下簡稱波克夏公司），並開始參與經營。

一九六九年基金解散之後，他便將資金集中到波克夏公司的經營以及這間公司的基金管理。

本書在巴菲特轉為以波克夏公司為中心進行投資後，便將巴菲特與波克夏公司視為一體，所以即使實際上買進股票時用的是波克夏公司的名義，本書在敘述時還是使用「巴菲特買進」來表現。

巴菲特從一九六五年開始掌握波克夏公司的經營權，到二〇一四年，近五十年當中，根據計算，假設波克夏公司在一九六五年投資了一美元，到了二〇一四年這一美元已經變成了七千美元。換句話說，就是一百萬美元變成七十億美元的概念。各位或許因為這個數字太過驚人而缺乏真實感，簡單來說，巴菲特的資產大約以下面這樣的速度增加：

在投資資金達到數兆日圓之前，每年持續且穩定地以二〇%至五〇%左右的速度成長，平均績效大約是三〇%左右。管理的資金變得更多之後，績效雖然會逐漸下滑，但每年還是能夠達到十幾個百分點。

巴菲特管理績效的特徵是相當穩定，股市低迷時也多半能維持一定程度的正成長。五十年來，波克夏公司的管理績效只有兩次負成長的紀錄。

另一方面，在IT泡沫化導致市場行情混亂的時候，其績效也曾低於市場平均。但從這點更能看出，巴菲特採取的態度是「不被眼花撩亂的市場變動所迷惑、不受其擺布，只要沿著自己的道路持續前進，就能留下驚人的成果。」

附帶一提，若資產以平均約三〇%的速度增加，十年便可以成長到十四倍、二十年會成長到約二百倍、三十年約二千六百倍，四十年就會變成約三萬六千倍。

當市場行情正好的時候，或許沒什麼經驗的投資人也都能達到一年三〇%至五〇%的投資績效。不僅如此，運氣好的話也有可能增加好幾倍的資產。

而巴菲特與一般投資人的差別在於，他始終堅定地貫徹自己的投資方法，長年以來，無論市場好壞，投資績效都維持在三〇%左右。「穩定而平均」是巴菲特的投資績效給人的印象，請各位先記在腦中。

價值股投資與成長股投資的融合

那麼，巴菲特是透過什麼樣的手法，維持「穩定而平均」的績效呢？

巴菲特的手法直接了當的說，就是：

- **找出今後數十年也能持續穩定成長的超優質成長企業**
- **在股價大幅低於適當價格時買進**

雖然巴菲特在他投資人生的初期，採取的手法以葛拉漢流的價值股投資為中心，但後來逐漸將重心轉移到費雪流的成長股投資。巴菲特雖然終其一生都承襲葛拉漢的投資精髓：「在股價大幅低於適當價格時買進」，但他在滿四十歲的一九七〇年，將投資活動的據點完全轉移到波克夏公司後，開始把成長性占了企業價值（適當價格）大半的成長股當成投資對象。從這時候開始，也代表他從排除成長股，認為「瞄準成長性的投資相當困難」的葛拉漢手法畢業。

巴菲特從費雪的手法中學到最精華的部分，就是只把有實力持續成長數十年的「少數傑出成長股」當成投資對象，進行長期投資。

但是，他的手法也有不同於費雪的部分，特別是在個股的選擇與低價的判斷這兩方面。關於低價的判斷，之後會與投資時機的概念一起詳細說明。我們先透過比較，來看巴菲特與費雪在個股選擇上的差異。

巴菲特個股的特徵是「容易理解」與「特權優勢」

在個股選擇方面，費雪偏好高科技股與化學股。這兩者都屬於最尖端的領域，象徵社會與經濟的進步，是非常耐人尋味，且具高度成長性的產業。

但這類產業擠滿了想要大獲成功的競爭者，技術變化激烈，如果沒有隨時投入龐大的研發費用，並由優秀的經營者妥善領導，不要說是維持成功，就連生存下來都很困難。這是一個非死即生的世界，即使是業界的翹楚，也可能在十年後沒落……這樣的例子不在少數。

所以高科技股與化學股中有許多潛力股雖然是事實，但對一般投資人來說，想從中找出長期投資的對象或許有些難度。如果靠著半調子的知識與判斷隨意出手，十年後反而會讓資產大幅縮水。

相較之下，巴菲特則是以具備下列兩項條件的企業為目標：

- **事業內容容易理解**
- **具備特權優勢**

以業種來說，他偏好選擇食品業、生活日用品製造業、餐飲業、服務業等，一般人容易站在使用者的角度判斷企業優勢的股票。代表個股有可口可樂、美國運通、吉列、迪士尼等等。

當然，對費雪來說，高科技股與化學股或許是他自己容易理解且擅長的領域，但一般投資人想要理解的話，不僅需要付出許多努力，且因為技術變化劇烈，要跟上這樣的變化也會相當辛苦。

與之相比，巴菲特挑選的就是多數人能夠站在消費者的角度理解的個股。而「容易理解」這一點，也可說是巴菲特流投資的最大特徵。

這裡所謂的「容易理解」，指的是事業內容，與「營收為什麼能夠成長」這兩方面容易理解。

四家擁有「特權優勢」的企業

巴菲特個股的共通點除了容易理解之外，還擁有今後可望繼續成長數十年、具備特權優勢的商品或服務。這樣的公司通常都能維持極為穩定的成長，且今後的業績也不難預測。

費雪投資的高科技股與化學股，則必須隨時注意下列幾點：

- **是否能夠開發出目前主力商品的下一代商品**
- **能否跟上技術的革新與變化**
- **是否有因同業競爭白熱化，產生供需惡化、價格下滑的風險**

而巴菲特的投資對象剛好與之相反。

可口可樂的可樂、美國運通的信用卡、吉列的刮鬍刀、迪士尼的卡通人物等。這些公司的商品與服務，在巴菲特買進其股票之後，過了幾十年依然歷久彌新，持續在全球擴張版圖。

可口可樂靠著獨特的清涼風味，擄獲全球狂熱的嗜飲者，在飲料當中幾乎是無可比擬的獨占性商品。除了百事可樂之外沒有其他類似商品，幾乎呈現一枝獨秀的狀態。

可口可樂的營收隨著世界經濟的成長而擴大，其擴大趨勢至今依然持續。此外，其銷售量還會隨著美國速食的觸角延伸到全球，而自動擴大。

美國運通是信用卡的創始公司，其加盟店、使用者在美國，甚至是全球建立起龐大的網路，並創造出難以動搖的信譽與品牌價值，長期以來都維持穩定的收益與成長。

信用卡業就全球來看，也呈現由數間公司壟斷的狀態，新加入者想要再建立新的加盟店及使用者網路，並達到一定的規模幾乎不太可能，因此由少數企業在全球壟斷的情況，今後應該也會持續下去。信用卡的需求量將隨著世界經濟擴大而增加，未來美國運通也很有可能搭著這班順風車，繼續穩定成長。

如同各位所知，只要一開始使用某家公司信用卡，多半就會不更換，且會一直用下去。如果設定了自動繳費，更容易會一張卡片用到底。對信用卡公司來說，一旦獲得了使用者，這位使用者就不會輕易離開，因此信用卡是屬於能夠穩定帶來收益的蓄積型商業模式。

刮鬍刀乍看之下似乎沒什麼大不了，但從以刀片會接觸肌膚這點來看，其實是相當精細的商品，不同刮鬍刀刮起來的舒適感截然不同。早上刮鬍子時是順暢舒適，還是經過一番奮戰又傷了肌膚，其實會影響一整天的心情；因此使用者多半會選擇值得信賴的商品，且具有相當高的忠誠度，一旦用慣了之後，就會持續使用同一項商品。

就這點來看，確立高品質與品牌力的吉列，具備莫大的優勢。事實上，我自己長期以來也是吉列的愛用者，旅行時也一定會帶著出門，因為我不想用旅館的刮鬍刀刮鬍子。

此外，對使用者來說，刮鬍刀屬於無論景氣好壞，都必須持續購買的消耗品，不可能「因為景氣不好就不刮鬍子」，而使用了一段時間之後，也不得不更換刀頭。

再者，新興國家在經濟發達之後，人們的生活型態會變得與先進國家相近，對於高品質刮鬍刀的需求必然也會增加；而這些新興國家的人，一旦習慣了高品質的刮鬍刀，可能就無法再回頭使用一般商品了。

巴菲特在成為吉列的股東之後曾說：「一想到全世界男人的下巴每天早上都會長出鬍子，吉列的股東就能在每天晚上安心入眠。」

迪士尼的卡通人物也一樣，需求不但沒有衰退，反而還隨著全球經濟的成長穩定擴大；且儘管需求擴大，仍沒有對手，因為能夠提供迪士尼角色的只有迪士尼公司。其他公司無論做出多少模仿迪士尼的卡通人物，粉絲也不會買單。

當然，迪士尼的角色需要與其他公司的角色競爭，但其競爭力過於強大，對手頂多只能與之共存，卻絕對無法將其打敗。

找出「特權優勢」的重點

以上，我們看了兼具「容易理解」與「特權優勢」的巴菲特個股的案例。要判斷一間公司是否具備「特權優勢」，可以從下列幾點來思考：

- **新加入者是否難以打入市場**
- **是否具備支配價格的能力**
- **其優勢是否具備永續性（是否能夠持續幾十年）**
- **需求是否有擴大的可能**

不管現在的事業多賺錢，只要新加入者能夠輕易打進市場，就會有越來越多新公司加入，導致競爭過於激烈，變成獲利不易。這樣的事業就稱不上擁有特權優勢。巴菲特曾如此形容可口可樂的優勢：「即使給我一千億美元，我也無法建立打倒可口可樂的公司」，這就是特權優勢。

擁有特權性優勢的企業，不僅不會被捲入價格競爭當中，還擁有支配價格的能力，在必要時甚至可以漲價。

如果是競爭激烈的業界，一旦輕易漲價，營收就可能被對手奪走。所以即便人事費、原料費因通膨而上漲，負擔也難以轉移到價格上，造成獲利減少。換句話說，所謂支配價格的能力，就是對抗通膨的能力。

而擁有特權優勢，代表這樣優勢能夠持續幾十年，甚至更久，也就是能夠永遠保有這樣的優勢。就這層意義來看，巴菲特偏好持續幾十年以上的老牌企業。因為這些企業擁有其他公司模仿不來的商品與服務，且獲得客戶的長期支持。

再者，難以取代且擁有特權優勢的企業，也能利用這樣的優勢，將逐漸擴大的全球需求納入囊中。新興國家在經濟規模擴大之後，必然開始追求不輸給先進國家的舒適與便利，而能提供這些商品與服務的企業，尤其是具備特權優勢的企業，就越可能打進新興國家的市場。像這種擴張版圖的能力，也是必須考量的因素。

「特權優勢」在財務上的特徵

特權優勢雖說基本上是從定性面（「質」的面向）判斷，但其實透過財務數字的定量面判斷也很重要。

巴菲特舉出下列幾個財務上的特徵，作為挑選具備特權優勢企業的參考：

- **過去十年呈現穩定成長，且這段期間的利益增加到兩倍左右**
- **ROE（股東權益報酬率）一五%以上**

- **營業利益率一〇%以上**
- **計息債務可用五年分的淨利償還**

營業利益在十年內成長到二倍，代表**年成長率七%左右**。觀察巴菲特投資時點的公司狀態，多半能夠描繪出這樣的成長軌跡。

不過，即使在十年內只成長一．五倍或一．三倍，只要成長速度穩定，就很有可能是適合當成長期投資對象的優質個股。換句話說，重點在於是否能夠長期且穩定地成長。

ROE的計算方式是「淨利÷自有資本」，透過這個數字可以看出資本效率，也就是自有資本能夠產生多少淨利。這個數字越高，表示保留在公司內部，沒有分配給投資者的資金運用效率越好，更容易提昇企業價值。這是長期投資時的重要指標。巴菲特投資的企業，ROE幾乎都在一五%以上，因此我認為這個水準是一個參考基準。

營業利益率的計算方式是「營業利益÷營收」，是一個能夠看出營業利益在營收中所占比重的指標。這個指標越高，就代表事業越賺錢。

一般來說，營業利益率達到一〇％左右就算表現良好，巴菲特挑選的企業也幾乎達到這個水準。不過，像超市或折扣商店等，採取的多半是薄利多銷的商業模式，這樣的公司營業利益如果達到五％，應該就算表現優異了。

此外，巴菲特討厭有太多貸款或公司債等計息債務的公司。因為債務過多，在景氣惡化時就有可能因資金調度不良，驟然陷入經營危機。

所謂的貸款，就是擴張事業時使用的資金高於自有資金。用開車來比喻就像是飆車，如果速度太快，有突發狀況時就難以控制。

具體來說，巴菲特認為，判斷的標準是計息債務是否控制在能以五年分淨利償還的範圍。

即使經營者無能也沒有問題的企業

極端來說，巴菲特偏好的企業特質是：

- 不太需要研發費用與設備投資費用
- 即使經營者無能，也能保持一定程度的高獲利水準

「優秀的經營者」與「研究開發」是費雪流選股法的必看項目。不用說，若一家企業的經營者很優秀，又能努力不懈地提升研究開發等優勢，其成長的潛力自然不容置疑；而實際上，巴菲特也投資了不少屬於這種類型的公司。前面做為例子的企業，也幾乎都是受惠於優秀的經營者，並都能積極透過研究開發改善品質、開發新商品。

但這些企業就某方面來說，即使經營者出現些微失誤，或研究開發的成果不如預期，也都極有可能透過目前的主力商品維持穩定的收益，持續達成穩定的成長。如果研發順利，則可以想成是除了目前的績效外，又另外加上了紅利。

企業的價值＝經營資源×經營者

企業的價值，取決於經營資源與經營者的相乘效果。

所謂的資源指的是能夠成為經營戰力的資源，包括資產、技術、方法、品牌力、人才等，也就是這家企業擁有的有形資產與無形資產。

而擬定方針、領導公司的經營者，能決定資產的運用方式。如果經營者能善用這些資產，就能產生龐大的利益，讓經營資源變得更充實，並能聚集、培養優秀人才，讓企業更為壯大。

所以當「優質的經營資源」與「出色的經營者」結合在一起時，便能讓企業發揮最大的價值，巴菲特鎖定的，也多半是這樣的公司。

而兩者之中，巴菲特更重視經營資源。他最喜歡的投資的對象，正是經營資源超乎水準的公司，先前舉出的例子都是這種典型。

巴菲特曾表示：「極端的說法，就是笨蛋也能順利經營的公司最好。」而另一方面他也說：「如果經營資源匱乏，再優秀的經營者也無能為力。」

巴菲特所謂的經營資源匱乏，與其說是財務內容，不如說是事業本體。當一家公司的事業本體開始衰敗，逐漸失去優勢，無論擁有多少財產、由多優秀的經營者經營，也幾乎沒有東山再起的可能。

若事業無法東山再起，只會不斷虧損，即便停業，還是需要莫大的資金整理設備與人員……。

無論多便宜，都不要買看不見未來的公司

事實上，巴菲特自己也曾經栽在這一點。

這件事發生在一九六五年，他為了取得「波克夏．哈薩威紡織公司」的經營權，大量買進該公司的股票。當時美國的紡織業界，因為不敵新興國家企業的低價攻勢，已成了夕陽產業，巴菲特自己也說：「我當時就知道這個事業很難有什麼發展。」

但他當時也認為即使沒有未來展望，還是能夠獲得一定程度的利益吧！更重要的是，與資產相比，其股價已經來到極端低價的水準，所以他還是買下股權。接著不僅找來非常優秀的經營人員，自己也成為經營者，努力讓波克夏公司順利運作。

但即便是由最聰明的頭腦盡最大的努力，也抵擋不住紡織業界的衰退趨勢，波克夏紡織虧損連連，使得巴菲特不得不在一九八五年完全放棄。之後波克夏雖由紡

織廠轉型成為巴菲特投資活動的據點，而揚名全世界。然而這次的投資，依然使他嘗到很大的苦果。

巴菲特其他的失敗經驗，也多半是「因為價格太低而衝動買進股票」，他自嘲這樣的行為就像是「購買特價品的愚行」。

具體來說，他曾投資以下這兩間公司而以失敗收場：

- **技術力低，因低價競爭而煩惱的農機具製造商**
- **地點不佳、沒有任何特徵的二流百貨公司**

不管股價多麼便宜，都不應該買進經營資源匱乏，尤其在事業方面沒有任何優勢與魅力的公司。這樣的公司無論由多麼優秀的經營者嘗試改造，復活的可能性都很低，因此也不應該期待它會東山再起。巴菲特坦承：這是自己吃了不少虧，才終於學會的教訓。

經營資源豐沛的公司陷入低潮時，便是絕佳的投資機會

反過來看，如果是經營資源得天獨厚，經營者卻很無能的情況呢？

這種情況下，業績可能還是會暫時停滯吧！但如果經營資源（事業基礎）出色到「即使由笨蛋經營也沒問題」，說不定還是能維持一定程度的獲利，只要交棒給優秀的經營者，應該立刻就能復活。

舉例來說，可口可樂在一九七〇年代曾經歷一段業績停滯的時期。當時可口可樂與裝瓶公司（向可口可樂購買原液，製成飲料並裝瓶的公司）發生糾紛，美粒果（生產果汁的品牌）被控訴不當對待果園的外籍移工，因拋棄式容器會汙染環境而遭到環保團體抗議，排他性的加盟體系也因為觸犯反壟斷法而遭到聯邦交易委員會告發、海外事業混亂……等，各式各樣的問題接踵而來。

當時的董事長兼最高經營者保羅．奧斯汀（Paul Austin），為了解決事業觸

礁的狀況，開始利用公司豐富的資金積極展開多角化經營，譬如從事淨水事業、養蝦、併購酒莊等。

但是，這些事業不僅與本業缺乏關聯，獲利能力也全都遠低於本業，基本上可說是「沒有條理的多角化經營」。最後這些「沒有條理的多角化經營」皆以失敗告終，可口可樂的經營也陷入更深的迷航。

不過，到了一九八〇年，最高經營者的棒子交到羅伯特·古茲維塔（Roberto Goizueta）手上，自此之後情況開始改變。

古茲維塔就任後，立刻找來五十位管理高層召開會議，告訴他們：「希望你們說出我們公司現在所有的缺點」。

他以真誠的態度傾聽現場負責人的心聲，並將其整理成名為〈一九八〇年戰略〉的經營分針。

他提出明確的方向，從無法獲得充分收益的事業撤退，回歸高獲利能力的本業。並且對股東宣示：「接下來的十年，我們將為股東工作，使公司成長，讓股東的投資能夠獲得充分的報酬。」

他的策略在一九八三年展現出成果，業績節節高升。截至一九八七年為止，股價上漲了大約三倍。

巴菲特在這之後大量買進可口可樂的股票。雖然一九八七年十月發生了被稱為黑色星期一的股市崩盤，巴菲特仍在股價尚未走出低迷的一九八八年，猛然買進。當時可口可樂的本益比大約十五倍，比市場平均值的十二倍略高。但接下來的十年，其股價不僅創造出包含配息在內漲到十倍以上的高績效，且這樣的績效，日後依舊持續不墜。

可口可樂即使因接二連三的倒楣事，或經營者的領導方針錯誤而持續低迷，可樂這項主力商品的優勢都未因此受損；不但如此，還發揮出高於一般水準的獲利能力。所以當可口可樂在優秀經營者的領導下強勢回歸時，就是最好的投資機會。

由此可知，握有「特權優勢」這類重要經營資源的公司，即便因為經營方針錯誤而一時低迷不振，只要優秀的經營者參與經營，就有機會發揮原本的優勢，強勢回歸。

所以，若想投資這些明明握有「特權優勢」卻停滯不前的企業，經營者輪替時可能就是絕佳的機會。而且即便是在確認新經營者的改革上軌道後才買進，也多半能夠獲得很好的成果。

分辨出優秀經營者的重點

從上述例子可以知道，在企業擁有「優質經營資源」的前提下，若再加上「優秀經營者」，巴菲特便會開始投資。

那麼，「優秀經營者」的條件是什麼呢？巴菲特心目中的優秀經營者，與費雪心目中的優秀經營者幾乎相同，都要能夠做出合理的經營判斷，並對投資者採取誠實的態度。

更具體地說，優秀的經營者能夠看出公司的經營資源，特別是這間公司的優勢，並能加以活用，帶來收益擴大、ROE與營業利益等提升的結果。

此外，優秀的經營者在搞不清楚該如何有效使用資本時，也不會透過買進自家公司股票或配息等將資金還給股東，更不會隨意發行選擇權。

再者，若發生不太好的事情，優秀的經營者也會老實地向股東及相關人員說明，並面對問題，尋求解決之道。

相反地，無能的經營者則會展開與公司優勢無關的多角化經營、不但無法有效使用資金與人才等重要的經營資源，更會導致資本效率與營收惡化。

而無能的經營者也不介意胡亂發行選擇權、破壞股票價值，如果發生問題多半也會蒙混過去，導致問題更加惡化。

巴菲特的買賣時機

接著來看巴菲特的投資期間與投資時機。

巴菲特投資的股票大約有一半是永久持有，另一半則持有數年。

所謂的永久持有，如字面所示，是一種「買進之後就沒有打算賣出」的投資方式。巴菲特對於真正中意，且認為其獲利能力能夠半永久持續的公司，便會採取永久持有的方式。

另一方面，有一些公司雖然相當不錯，巴菲特卻沒有自信能夠永久持有。若其股價十分划算，他就會先行買進待持有數年再賣出。持有期間短的話兩年，長的話十年，平均約為五年左右。

巴菲特手上永久持有的股票，多半在本益比十五至二十倍時買進，持有數年的股票則在十倍前後或更低時買進。無論如何，他很少在本益比超過二十倍的情況下買進股票。

賣出時機方面，永久持有的股票當然就不會賣出。

至於持有數年的股票，則多半在以下時機賣出：

●本益比不再划算

●成長性出現陰影

這些股票的投資績效通常從一．五倍到數倍不等，但有時持有二至三年後，也會在股價持平或稍微損失的情況下賣出。

至於整體資金的管理方面，巴菲特通常擁有一定程度的現金，有時也會視行情與景氣狀況提高現金比重。其比重高低，基本上取決於有魅力股票的多寡。舉例來說，儘管市場上優良企業的股票比比皆是，但若其本益比都達到三十倍或更高，不再是有魅力的投資對象，現金比重就需要提高。

此外，巴菲特遇到下列這些情況也會大幅提高現金比重：

- **市場平均本益比達到二十倍左右**
- **股票市場的市值超過GDP**
- **央行開始升息**

股票市場總市值比上GDP的倍率稱為「巴菲特指標」，若超過一倍就可能是股市市值接近天花板的訊號。

此外，美國聯準會或日本央行提高政策利率稱為升息，整體行情多半會在升息後大幅調整。這種狀況會讓巴菲特警戒，並提高現金比重。

巴菲特「一生當中最長的三年」

若實際回顧巴菲特過去的動向，會發現他在股價暴跌的一、二年前，會大幅提高持有的現金比重，等到股價實際暴跌再大量買進，並且不斷反覆這樣的操作。

舉例來說，巴菲特在一九六九年解散了管理十三年的基金，原因是他認為這時具備特權優勢的優良企業股價，同時漲到了本益比三十倍以上，已不再是有魅力的投資對象。

巴菲特在這時將相當程度的資產轉換成現金，持續靜待時機長達三年。股市行情在這段期間偶有上漲，他說自己「眼睜睜看著其他投資人賺錢」，並表示回過頭來看，這是他「一生當中最長的三年」。

股市行情的混亂在一九七三年初達到顛峰，這段期間石油價格急漲，利率從五％飆升到一〇％，股價也開始急速下滑，道瓊股價指數在接下來的一年半急跌了四五％。於是巴菲特開始收購具備特權優勢的超優質企業股票，為現在的波克夏公司打下了基礎。

波克夏公司的現金餘額在二〇〇七年，曾達到三百七十億美元，就當時來看是前所未有的最高水準。缺乏有魅力的投資對象當然是主要理由，但巴菲特指標超過一倍、銀行開始升息等，也都是重要的原因。

後來股價開始急跌，二〇〇八年秋天發生了金融海嘯。巴菲特卻還是在這時收購了通用電氣、高盛證券等美國代表性的優良企業股票。

雖說判斷行情走勢相當困難，巴菲特也說自己無法預測景氣和市場動向；但在有魅力的個股減少時提高現金比重，加上徹底等待絕佳機會到來的做法，就結果來看，其實都顯示了他對市場流向的精準判斷。

巴菲特流的業種別攻略法

接下來將針對巴菲特實際偏好買進的股票業種進行說明。很多公司都具備前面描述的特徵，但就整體而言，偏向蓄積型的事業似乎占了多數。

所謂蓄積型事業指的是一旦得到客戶，就能從客戶身上定期獲取收益，且收益會隨著客戶增加而穩定擴大的事業。這種事業具備不太受經濟變動影響，利益容易穩定成長的特徵。請先將這點記在腦中，再往下閱讀。

保險業

這是巴菲特最喜歡、至今投資最多的業種。

保險業屬於典型的積蓄型事業，這是其優點。因為一旦成為保險公司的客戶，就必須定期自動繳交保費。此外，保險業也不是輕易就能參與的事業，不僅需要龐大的資本，也不容易取得許可，一旦建立起獲利結構與業界地位，就能成為永續型的事業。

保險業對普通投資者來說也有難以理解的部分，但只要站在一般保險使用者的角度觀察，若一間保險公司具有獨特的商業模式並建立獨自的優勢，或許就是良好的投資對象。

舉例來說，巴菲特投資的 GEICO 這間保險公司，推出不需透過代理商，只用郵寄即可直接簽訂保險契約的商業模式，實現了低保費的目標並穩定成長，還帶給既有企業相當大的威脅。

日本也陸續出現一些獨特的保險公司，譬如以低成本營運為目標，不需透過代理商，在網路上即可完成手續的 LifeNet、專營寵物保險的 ANICOM 等等。這些新興勢力雖不保證能夠獲得成功，但只要能以一定的機制圈住客戶，就有可能成為在未來穩定取得收益的優良企業；如此一來，股價就有大幅上漲的機會。

此外，保險代理商的新興勢力，也逐漸因為新的商業模式而抬頭，譬如透過網路或電話客服中心降低營運成本的公司、或是在購物商場展店，由財務規劃師從幾家保險公司的保單，挑選出好的方案加以組合，對客戶進行提案的公司等，這些都是與既有公司相比，經營方式獨特且合理的公司。

一般來說，這些代理商不僅在簽約時收取一次性的手續費，在契約的有效期間內，手續費也能持續入帳，因此也稱得上是蓄積型商業模式。這些公司只要確立一定的商業模式、圈住一定數量的客戶，就能穩定獲利。因此我個人認為，這些保險業界新興勢力的動向也很值得注意。

金融業

銀行也是巴菲特偏好且大量投資的業種。

巴菲特認為，銀行的好壞與規模無關，只要能夠確實管理資產（主要是放款債權）、負債（主要是存款）與成本等，獲利能力就能高於業界平均水準，實現

ROE二〇%左右的高資本效率。

銀行只要能夠維持良好的財務體質，獲得存款者的信賴並確立品牌力，就能匯聚充裕的存款；只要能夠大量開發良好的融資對象，就能穩定地管理資金；而穩定的資金調度與穩定的資金管理，能夠帶來穩定的利息。由此可知，巴菲特眼中的金融業，原本就是非常好賺的生意。

不過，銀行一般都會背負大約十倍於自有資本的債務（自有資本比率一〇%），在遭遇金融危機時如果不能妥善經營，就有可能突然陷入經營危機。就這層意義來看，經營者的能力大幅左右了事業成功與否。

日本也一樣，如果銀行採取恰如其分的經營，並確實管理資產、負債與成本，就有機會成為長期投資的對象，但一般散戶投資者難以分辨資產、負債、成本的管理與經營品質，因此銀行就某種程度而言，或許是屬於高難度的業種。

巴菲特在一九九〇年美國不動產不景氣時，買進因持有大量房貸呆帳而陷入經營危機的富國集團（WFC）股票；在金融海嘯時也大量投資資金周轉不良的高盛證券。兩個例子都是在股價因陷入經營危機而急跌時大量買進，最後卻大獲成功。

像巴菲特這樣在金融危機的狀況下買進銀行股，雖然在銀行復活之後有機會獲得高績效，但這其實是屬於難度極高的投資。如果對銀行經營沒有相當深入的了解，應該很難判斷銀行是否能夠克服危機。

鐵路

巴菲特也投資鐵路公司。他在二〇〇九年十一月，以二百六十億美元，換算成日圓大約二・六兆的龐大資金，投資伯靈頓北方聖太菲鐵路公司（BNSF），投資時採取永久持有的方針，使其成為波克夏的子公司。

樸實的鐵道公司很難讓人聯想到成長性，但只要擁有高獲利能力的路線，經營與業績的穩定性就相當出色。因為路線一旦開通，就不太可能在相同區間再開通與之平行的新鐵路。而鐵路公司一旦擁有人流、物流往來興盛的路線，就能成為壟斷性事業。像這樣在該地區呈現獨占狀態的事業，稱為地區獨占事業。

日本以擁有搖錢樹路線的都市交通鐵路為首，許多鐵路公司都能在股票市場上展現高獲利能力與穩定性。

掌握首都圈大動脈的ＪＲ東日本就是代表性案例，該公司在二〇〇四年至二〇一四年的十年間，經常利益成長了一．七倍。除了穩定的鐵路事業之外，管理車站大樓的商業部門，以及電子錢包「Suica」等附屬事業也都擴展得很順利。

＞日用品、食品、紡織、家具

一般來說，這些業界競爭激烈，要建立特權優勢並不容易，但只要活用消費者的眼光仔細尋找，還是能夠找到堪稱握有特權優勢的公司。而巴菲特實際上也在這些業種當中，找到許多投資對象。

先前介紹的吉列刮鬍刀就是代表性個股。

吉列現在被P＆G併購，而波克夏公司也透過股權交換繼續持有P＆G的股票，至今依然是其主要持有的個股之一。

P＆G除了吉列之外，旗下還有許多主打一般消費的有力品牌，譬如碧波（Ariel）洗衣粉、百靈電動刮鬍刀與電動牙刷、歐樂B漱口水、Downy柔軟劑、幫寶適紙尿布等。

波克夏公司除了P＆G之外，還投資了Nike（球鞋製造商）、嬌生（邦迪OK繃、李施德林、泰諾止痛藥）、卡夫食品（擁有卡夫乳酪、納貝斯克、

OREO餅乾等品牌，當時的全球第二大食品廠）、可口可樂、百事可樂、安海斯布希（百威啤酒）、賀喜食品（巧克力）等美國人所熟知的日常用品相關股票（其中多數對日本人來說也同樣熟悉）。

各位可以想一想，日本有哪些公司具備獨自優勢與強大品牌力，不但在國內建立了堅若磐石的營業基礎，在全球也能擴大營收呢？我覺得可以在心裡一邊想著：「如果是巴菲特的話，應該會買這檔股票吧？」一邊尋找。就我來看，嬌聯（unicharm）、養樂多總公司、伊藤園、龜甲萬等應該都是不錯的公司。

嬌聯是紙尿布、生理用品等使用吸水墊製造商品的廠商，透過不斷推出高品質、高機能的商品，在消費者之間確立了值得信賴的品牌形象。在亞洲整體所得提升的同時，該公司高品質、高機能的紙尿布與生理用品持應該能續擴大營收。

養樂多總公司的主力商品養樂多飲料，因為整腸作用優異，並具有預防大腸癌等疾病的效果，在全球擁有許多熱愛其機能性的嗜飲者，且幾乎沒有競爭商品或類似商品，就獨特優勢的方面來看，應該是有魅力的企業。

伊藤園是排名第一的綠茶飲料製造商，在日本國內擁有堅若磐石的品牌力與事業基礎。而綠茶飲料的海外營收，也在全球性的日本食品風潮、以及越來越重視健康等情況下逐漸成長。

龜甲萬是頂尖的醬油廠，現在海外營收已經超過日本國內。該公司能有這樣的成績，不僅因為從很早就積極開拓海外市場，也受惠於日本食品越來越受歡迎的趨勢。醬油必須遵循秘傳製法，因此各廠商都有其獨特風味，一旦站穩主流商品的地位，就等於建立了相當穩股的商業基礎。

只不過，這幾間公司在二〇一四年底的本益比都相當高，絕非價值股的狀態……。

餐飲業

餐飲連鎖店也屬於我們能夠活用消費者判斷力的業種。一旦建立起強而有力的商業模式，就有機會發展成連鎖店，將版圖擴張到日本全國甚至是海外。就這層意義來看，餐飲店可說是比較容易判斷成長性的業種。

巴菲特自己也透過投資百勝餐飲集團（Yum! Brands）與麥當勞，而獲得相當亮眼的成績。百勝餐飲集團擁有必勝客、肯德基等日本人也熟知的品牌，巴菲特在二〇〇〇年投資該公司，到了二〇一四年股價翻漲了十倍。

不過，餐飲店與零售店是下一章將介紹的彼得・林區所擅長的領域，因此詳情留待之後再說明。

零售業

巴菲特曾說他不擅長投資零售股，因為流行現象的生命週期變化劇烈，難以判斷一間公司是否能夠長期維持特權優勢。

零售店的流行與否，站在消費者的角度或許相對容易判斷，若投資以數年為限，可算是「容易理解的投資對象」。但是對於將永久持有做為主要戰略的巴菲特來說，卻是一種難以理解（難以看清長期展望）的業種。

即使如此，他還是成功投資了幾檔零售股。他投資的都是透過高效率的業務系統（商品陣容、庫存管理、店鋪打造、物流等）與卓越的品牌力，獲得消費者壓倒性支持的零售企業。沃爾瑪超市與好市多就是代表性案例。

沃爾瑪超市透過高效率與規模性優勢所支撐的低價、商品陣容及品牌力等，成為全球最大的超市。

好市多的優勢則是直接將倉庫當成店鋪，達成有效率且大規模的店鋪經營。其特徵是以優惠的價格，大量販賣高品質的品牌商品、酒類、食品等等，其高級紅酒的銷售量幾乎是全球第一。除此之外，好市多還販賣家電產品、食品雜貨、輪胎、衣物、化妝品等，商品陣容相當廣泛，這點也很受歡迎。

日本也發展出獨特的零售企業。便利商店、無印良品等，都是靠著源自於日本的獨特商業型態，並順利在全球擴張版圖的公司。尤其是便利商店，日本已經證明，這種高效率的小型店鋪網絡蘊藏了無限大的可能性，其在全球發展也逐漸上軌道，今後的成長十分令人期待。

＞ＩＰ產業

動漫明星及相關電影、動畫等內容製作，對消費者來說也是容易理解的事業。動漫明星的人氣變化激烈，因此也具有難以描繪長期展望的一面，但巴菲特過去投資的迪士尼等公司，在全球卻擁有堪稱永續性的人氣。

很少有公司能與迪士尼抗衡。但日本還是有不少擅長動漫明星及內容事業的公司，譬如三麗鷗或任天堂，有時也能看到其股價隨著人氣大幅成長。

最近妖怪手錶在兒童之間掀起熱潮，也有不少人買下相關股票。雖然其人氣是否能夠永遠持續下去還有待觀察，但動漫明星相關事業的確有時會出現很好的投資機會。

信用卡

信用卡公司也是巴菲特偏好的投資業種，先前介紹的美國運通就是其代表，至今依然在波克夏公司資產組合的主要個股中占有一席之地。此外，巴菲特也投資了萬事達卡。

關於信用卡事業的魅力，已經在一〇八頁描述過了，總之就是新進業者很難加入，在全球也是由數間公司壟斷的狀態。

此外，信用卡的需求量可能將隨著全球經濟的成長而增加，而這些需求也依然會由這幾間壟斷市場的公司來供給。

IT服務（系統整合商）

IT服務是指業務系統的建構、管理、維護等，這些業者稱為系統整合商。

系統整合商必須充分掌握企業的業務內容，再為其建構能夠正確、有效率執行的電腦系統。建構完成之後，還必須負責後續的管理及維護。

對企業來說，一旦將這個工作委託給某個業者，就不容易更換其他業者。因為重新諮詢業務內容，從零開始建構系統，既花時間也花錢。所以ＩＴ服務也屬於典型的蓄積型服務，具有業績能夠穩定成長的特性。

ＩＴ業界分成專營硬體企業及專營軟體企業，兩者的技術變化都很劇烈。而系統整合商的工作，就是利用這些不斷變化的技術來提供服務。

巴菲特長年來不斷地表示：「我拿高科技股沒輒」，完全不進行這方面的投資。因為高科技股劇烈的技術競爭與變化，業界版圖可能在幾年內就變得截然不同。如果像微軟、英特爾、蘋果那樣大獲成功，股價就能成長數十倍、甚至數百倍，但現在的巨人幾年後遭到新興勢力攻擊，實力完全減弱的情況也不在少數。高科技股顯然不像可口可樂或迪士尼那樣，可以預見穩定的發展，比起暴起暴落，巴菲特更偏好穩定而確實成長的個股。

所以巴菲特在二〇一一年大量買進ＩＢＭ的股票時，震驚了所有股市相關從業人員。不過這時的ＩＢＭ已經賣掉過去曾是主力事業的大型電算機與個人電腦等硬體事業，轉型成為ＩＴ服務公司。

且ＩＢＭ在這個業界，已經以壓倒性的技術力與規模，成為稱霸全球的頂尖企業，並取得能穩健追隨世界經濟成長的地位。換句話說，ＩＢＭ早已完全轉型為巴菲特個股。

日本國內也有日立製作所、富士通、NEC等發揮優勢的系統整合商。這些企業雖然在電腦與電器等硬體事業面臨長年苦戰，但ＩＴ服務部門卻一直都是搖錢樹。

至於專業的系統整合商方面，也有NTT DaTa、野村總研等代表性企業。ＩＴ化與系統化，能夠大幅改善業務效率。而透過大幅改善行政服務及醫療領域等業務效率來降低成本，正是社會追求的目標。舉例來說，醫院今後也會改用電子病歷，致力於發展ＩＴ化吧？在這樣的趨勢中，或許也會出現大幅成長的公司。

除此之外，系統整合商與軟體公司未來應該也會在各式各樣的領域拓展商機。不過整個系統整合的業界，包含了管理整體系統建構的發包企業，以及承包部分工作的企業。在這當中，能夠發揮優勢的只有發包企業，以及擁有獨特技術與方法的承包企業，沒有特色的承包企業一般而言還是缺乏投資魅力。

＞媒體業（廣電、出版、公關公司）

巴菲特也投資了許多媒體股。

媒體公司具有收集大量資訊，並將其傳達給多數人的特性，是促使資訊與內容在人群中流通的媒介。媒體一旦建立起這樣的獲利結構，本身就握有莫大的價值與優勢。

巴菲特在美國三大廣電網路之一的ABC電視台股價急跌時買進，並在漲到二倍左右時賣出。

全國播出的無線電視台，一直以來都是握有國家分配電波的特權事業。然而最近因為出現了透過網路傳播的內容，以及有線電視等競爭者，其特權優勢正逐漸減弱。

即便如此，無線電視依然能透過全國網路收集資訊，再傳達給視聽者，身為媒體的重要性仍然存在。尤其對於廣告播放來說，依然具有壓倒性的媒體價值。

日本的日本電視台、TBS、富士電視台、朝日電視台、東京電視台等全國性的電視台都是上市公司。部分地方電視台的股票也有上市。若地方電視也是該地區不可或缺的媒體，那麼就不難想像其價值。

巴菲特也買進有線電視台與衛星電視台的股票。這些電視台雖然沒有無線電視台那樣的特權優勢，但多半也都能圈住某些特定地區，或偏好運動、電影、新聞等某些特定領域的觀眾。雖然範圍不大，但也有很多在特定地區或領域建立特權優勢的例子。

此外，有線電視與衛星電視屬於付費服務，簽約者需要每月持續繳交一定的費用，因此也屬於客戶越多，越能穩定增加收入的蓄積型事業。日本的WOWOW或Sky PerfecTV!就屬於這種商業模式。

巴菲特至今為止也買過許多地方報紙的股票。地方報紙給人的印象相當不起眼，實際上卻是安定且踏實的事業，且在各地區具有獨占的特性，譬如地方限定的廣告，就會刊登在地方報紙上。

巴菲特對於廣告本身似乎很感興趣。由於廣告與宣傳活動對企業來說不可或缺，因此廣告媒體公司在全國與各地都扮演重要角色，讓人感受到特權優勢。

就這層意義來看，巴菲特在仲介企業與各種廣告媒體的公關公司中，也對握有特權優勢的大型公關公司感興趣，並在一九七三年時買下當時全球第一的公關公司埃培智集團（Interpublic）。

由此可知，媒體一旦建立起作為資訊媒介的模式，就有機會成為握有特權優勢的巴菲特個股。除了電視台與報紙之外，最近網路上的入口網站與專業網站，也逐漸擔負起這樣的功能。

在日本，像雅虎這樣的入口網站，就發揮了聚集群眾的作用。

此外，專為某些特定領域興趣所設置的專業網站，在某些方面也可說是握有特權優勢。而這些領域的商品廣告、招募廣告等事業，應該也有機會持續成長。

＞醫療服務、藥品

巴菲特在過去偶爾也會投資全球藥品大廠。因為其多半具備下列優勢：

- **擁有數種劃時代的新藥**

- 擁有數種可能成為劃時代新藥的產品
- 擁有開發新藥的技術力與方法，以及優秀的人才
- 擁有投入鉅額研發費用的財務能力
- 擁有將藥品賣到全球醫院的銷售網路與強大的品牌力

而全球少數幾間藥品大廠，通常也在業界擁有執牛耳的地位。新創企業即使定下開發劃時代新藥的目標，多半也缺乏足以將其製成產品販賣的資金力與銷售網路，因此通常會採取與藥品大廠合作的形式。而藥品大廠也透過這些新藥獲得龐大收益。

此外，可以想見隨著新興國家變得富足，生活水準提升，對於藥品的需求也會增加。就這層意義來說，描繪出未來的展望並不困難。

藥品股在一九九三年因美國提出降低藥價的方針而受到衝擊，導致投資者大量賣出，但巴菲特卻在這時大量買進藥品大廠的股票。他認為，就全球來看，藥品本身的重要性不會改變，長期而言，藥品大廠的經營也依然安穩。

此外，他在二〇〇八年金融海嘯時，也買進了藥品大廠的股票。

由此可知，巴菲特會在藥品股整體因某種衝擊而遭投資人大量賣出時，買進優良藥品大廠的股票。

對一般投資人來說，藥品本身的好壞、藥品廠的開發能力等，確實有難以評斷的一面。但如果具備對這個領域的知識與興趣，似乎是值得研究的投資對象。

此外，我們是否也能以類似的邏輯，考量醫療機器廠、醫療器材廠的股票呢？這兩者都能讓人感受到業界整體的成長性，其中在技術力、資金力、銷售網路等方面執業界牛耳的大廠，同樣具備相當大的優勢。

美國的通用電氣是全球最大的醫療器材廠，日本的東芝與日立製作所等，也有一定的存在感。此外在特定領域方面，握有全球內視鏡六成市占率的奧林巴斯、在導管領域掌握全球最高市占率的泰爾茂（TERUMO）等，都值得注意。

∨能源、礦業

握有許多油田開採權，有石油資本之稱的公司，或擁有鐵礦的公司等就屬於能源礦業股，巴菲特有時會買進這類股票。

礦業股的價值，取決於公司所擁有的油田或礦山的開採量有多穩定、今後能夠開採的量、價格會如何變化等。若埋藏量豐富，可穩定開採且需求量與價格發展良好，這間公司就會有不錯的獲利發展。

不過，一般投資人也很難對此進行判斷。

一九八〇年代初期，相當於美國央行的聯準會為了對抗通膨而大幅升息，導致景氣與股價低迷，巴菲特在這時判斷：「無論景氣如何變化，企業與個人都會繼續使用石油」，因此在國際石油資本埃克森的（現在的埃克森美孚公司）本益比降到七倍時，以低價買進其股票。

此外，他在二〇〇六至二〇〇七年之際，也以七倍左右的本益比，買進石油、天然氣已確定埋藏量及生產量都是全美第三名的康菲石油公司（ConocoPhillips）。

二〇〇三年四月，巴菲特在中國股市低迷時，買進中國石油的股票，並於二〇〇七年七月左右依序賣出，這時股價已漲了八倍，巴菲特也獲得相當於四千億日圓左右的利益。

巴菲特賣出中國石油的股票時，原油市況及中國股價都還呈現強勢上漲的趨勢，吉姆．羅傑斯（將在第六章登場）甚至說：「巴菲特這次嚴重失策了。」實際上，中國石油的股價在這之後也持續上漲，但後來因為金融海嘯的影響，股價跌到巴菲特賣出時的五分之一左右。這是三年左右的短期投資案例，也是準確抓住買賣時機的成功案例。

二〇一四年下半，原油價格從一桶一百美元左右，急速跌到五十美元左右，石油相關企業的股票也急跌，而巴菲特在這時似乎也買進了相關股票。

CHAPTER 4

零售股與食品餐飲股是飆股的寶庫！

跟著彼得．林區學習
尋找「近在身邊的十倍股」

■彼得・林區 *Peter Lynch*

飆股的發掘與日常生活的變化息息相關

彼得・林區　一九四四年出生，活躍於八〇年代的傳奇基金經理人。任職於大型投資信託公司富達證券（Fidelity Investments），在公司負責管理當時規模還很小的「麥哲倫基金」（Magellan Fund），這檔基金在他手上發展成全球最大基金的事蹟相當有名。其著作《彼得林區 選股戰略》（*One Up on Wall Street*）是散戶投資者的聖經寶典，至今依然為人所傳閱。

以年平均三〇%的速度穩定成長，培育出全球最大基金

彼得・林區可說是一九八〇年代最活躍的基金經理人。他在一九七七年到一九九〇年間管理「麥哲倫基金」十三年，當初若投資一百萬日圓，最後可獲得的

成果將近二千五百萬日圓。在這段期間，聽聞麥哲倫基金風評的人大量投入資金，使其市值爆炸性成長，從業界最小規模的〇．二億美元左右，發展成全球最大規模約一百億美元。

林區的管理績效穩定，每年都能維持高收益。若觀察每一年，可發現沒有任何一年是「壓倒性高績效」，也沒有任何一年績效大幅下滑。其每年以平均大約三〇%的績效連續成長了十三年，這使他成為一九八〇年代績效最高的基金經理人。

林區的父親在他十歲時因癌症亡故，造成他在困苦的經濟環境中成長。半工半讀從大學的商學院畢業後，進入投資信託公司富達證券工作。他在那裡當了幾年的分析師，三十三歲時成為基金經理人，開始管理「麥哲倫基金」。

一九九〇年，在麥哲倫基金發展成全球最大規模、基金經理人的事業也達到巔峰時，林區毅然決然地退休，當時他年僅四十六歲。林區的工作量隨著管理資產的膨脹而增加，必須馬不停蹄的工作，幾乎不得休息。這樣的狀態對重視與家人勝過一切的他來說相當痛苦，為了度過不後悔的一生，林區做出了退休的決定。

當然，他之所以能夠年紀輕輕就退休，主要還是因為在經濟上大獲成功，這雖然讓人欣羨不已，但更重要的是，對於從年輕時就因為喜歡股票投資的工作，而主動投身其中的林區來說，做出退休的決定時，也應該是懷著相當的覺悟！但是，比起最喜歡的股票投資工作，林區或許更重視與家人的生活。

事實上，林區在股票投資上獲得成功的重要秘訣，也隱藏在這種「重視家庭生活的態度」中……。

在日常中活中尋找十倍股

林區最得意的投資戰略是「在日常中活中尋找十倍股」。所謂的「十倍股」，是林區形容飆股的語言，事實上五倍也好，五十倍也好，只要是「飆股」都統稱為十倍股。實際上，從日常生活當中，林區也確實發掘出大量可能成長五倍、十倍甚至更多的股票。

他在著作當中介紹了許多誕生於日常生活的飆股事例，例如：

dunkin' donuts　25倍

沃爾瑪（超市）　1000倍
麥當勞　400倍
家得寶（The Home Depot，家具家飾）　260倍
美體小鋪（美體精油專賣店）　70倍
Service Corporation（葬儀社）　40倍
蓋璞（Gap，休閒服飾店）　25倍

他還舉出玩具店、理容室、連鎖飯店等各式各樣十倍股的例子。

林區多半是從與妻子及三位女兒的對話，和共度的時光中，發現這些與日常生活相關的個股。從他妻子及女兒最近喜歡的服裝、飲料、店家，甚至是絲襪中，都可以得到飆股的線索，因此他即使工作繁忙，他也盡可能珍惜與家人在一起的時間，並從中獲得有益資訊，反過來提升工作成果。

林區特別喜歡和家人一起逛大賣場，因為在賣場中除了可以享受與家人共度的時光外，也能獲得許多投資靈感。

他是這麼說的：「思考投資戰略時，比起忠實遵守證券公司的建議、或是徹底查閱金融資訊雜誌以取得一丁點的最新消息，在大賣場中閒逛反而更有幫助。」

餐飲類股及零售股在林區心目中的魅力

林區尤其關注餐飲連鎖店與零售業所擁有的長期成長力。他說：「擁有高度經營能力的餐飲及零售連鎖店，可透過全國發展，以每年二〇％的速度，成長十至十五年。」這相當於八年成長四倍，十五年成長十五倍的成長力。雖然美國與日本的市場規模不同，但即便在日本，外食連鎖店及零售業，也確實蘊藏著莫大的成長潛力（一五六頁將會說明該如何評估日本該類股的成長空間）。

一般提到成長企業，多半會想到握有高度技術的高科技股，而實際上，高科技領域也的確偶爾會出現飆股。但根據林區的看法，成長性高的餐飲、零售股「成長速度不但不遜於高科技股中的成長企業，風險也相對低很多」。

高科技股的技術變化劇烈，若對手企業開發出新技術或新產品，立刻就會失去營收。相較之下，餐飲業與零售業即使出現強而有力的對手，也不會一夕之間完全翻盤，營收的轉移需要一段時間。所以即使一間公司失去競爭力，投資人也有充裕的時間能夠看清狀況，依此做出投資判斷。

當然，如果熟悉高科技領域的投資人，必然能夠在高科技股中找到許多投資機會。身為投資人一定要活用自己的優勢。但如果不擅長高科技領域，就不要勉強自己在這個領域進行投資。

實際上，林區自己也不擅長高科技領域，因此很少將其當成投資對象。事業也好投資也好，都應該採取能夠活用自己優勢的戰略，而對許多散戶投資者來說，這種優勢便來自日常生活、興趣或工作的相關知識，投資時請務必加以活用。

若投資對象屬於自己容易理解的領域，就能輕易觀察出該公司的優勢是什麼、期優勢是健在抑或是逐漸衰退，也較容易做出投資判斷。

透過「五項目檢查」進行「兩分鐘訓練」

在日常生活中找到中意的零售與餐飲店後，接下來第二階段的確認也很重要。

「在日常生活中找出中意的公司」雖然是成功投資股票的重要過程，但這頂多只是挑出「優良候選股票」的第一階段，還需要第二階段的檢查才能從中找出真正的優良個股。

具體來說，請檢查下列五項重點：

❶**有多少成長的空間**
❷**熱門商品對業績帶來多少貢獻**
❸**有哪些競爭優勢**
❹**業績**
❺**本益比**

我從林區在書裡舉出的檢查項目中，整理出自己覺得特別重要的五項重點。檢查這些重點，確認自己是否能為這檔股票說出兩分鐘左右的成長故事，就是林區所謂的「兩分鐘訓練」。

投資股票最重要的是擁有明確的買進理由。如果無法說出條理分明的兩分鐘成長故事，就不應該買進該檔股票。

兩分鐘訓練可以得到以下效果：

- **提升成功的機率**
- **容易意識到失敗，認賠殺出**
- **容易掌握成功或失敗的原因，增加經驗值**

因此我們一定要採用這個「兩分鐘訓練」。

成長空間的評估方式

接下來，我們將稍微詳細來看這五項檢查重點。

首先，假設你已經發現身邊的熱門商品或不錯的商店，並且開始思考它們的成長空間有多大。

舉例來說，零售店與餐飲店要考慮的就是還有多少展店空間。如果店鋪已經遍布全國，那麼國內或許就沒有多少展店的餘地了。相反地，如果店鋪只分布在極少數地區，並且具有全國展店的可能性，就可說是擁有莫大的成長空間。如果還能在海外展店，成長空間就更大了。

以日本的情況來說，全國規模的零售或餐飲連鎖店，可以將店鋪數量一千間、營業額一千億日圓、市值一千億日圓當成一個目標。業種雖然也有影響，但如果成功在全國展店，多半能達到這個數字。更成功的案例甚至能達到這個數字的二至三倍，或者更高。

如果是有機會在全國展店的零售或餐飲公司，店鋪數在二百間左右、營收大約二百億日圓、股票市值也只有二百億日圓或更低，那麼當這間公司成功在全國展店時，應該就有很大的成長空間吧。

小型股的優勢

接下來必須考慮的是，假設中意的商店或商品今後將擴大版圖，會對該公司的業績帶來多少影響呢？

舉例來說，假設某間餐飲連鎖店大受歡迎，成為營收一千億日圓左右的事業，如果母公司是一間營收一兆日圓的企業，該公司的營收對其股價的影響就很難達到飆股的程度。此外，對於原本營收就很高的大企業來說，即使推出熱銷的零食、飲料、玩具、遊戲或化妝品等商品，股價也可能不會有太大的反應。

我先前也提出一個參考，以公司整體規模來說，市值二百億日圓、營收二百億日圓左右的企業，或許具備較容易成為飆股的條件。當然，市值或營收達到五百億日圓、或是一千億日圓的股票，也可能成長好幾倍，所以不需要太嚴密的思考。不過公司規模越小，成為飆股的可能性也越高。

再者，如同一五九頁所述，專家或投資大戶較難對小型股出手，因此較常出現價格過低的狀況，對於即早發現成長股的散戶投資者來說，這樣的股票反而具有價格較低、較容易買進的特徵。

關於競爭優勢、業績、本益比

投資之前還必須思考該公司的「競爭優勢」。

請試著想一想，該公司的商品與店鋪受歡迎的秘訣是什麼？這個祕訣是否能夠持續下去？

如果競爭優勢無法持續，成長就有可能停滯。即使推出某項熱門商品，或許也會立刻遭到模仿，奪去客源。如果不具備難以模仿的優勢，成長就無法持續。

針對這點，請重新閱讀巴菲特那章關於「特權優勢」的說明。是否擁有其他公司難以模仿的優勢，並掌握價格支配力這點特別重要。

此外，該公司的人氣是否確實反應在業績上呢？請確認營收與經常利益等數據是否順利擴大。

最後，再從本益比是否在相對低點，確認股價水準是否划算。

四二頁也提過，本益比的標準水準大約在十五倍左右，因此如果業績展望良好的公司本益比降到十五倍以下，就可算是價值股。此外若企業的成長性高，利益在數年內成長兩倍，本益比的評價達到三十倍左右也不足為奇。所以在本益比三十倍左右買進高成長性公司的股票，也可能相當划算。

活用「素人優勢」！

林區經常在著作中提到「素人優勢」，他主張素人在投資股票時，比專家更有利。

他還說：「我想買的股票，都是傳統基金經理人試圖避開的股票。換句話說，我一直以來都盡可能努力地揣摩素人的想法。」

那麼，素人的優勢是什麼呢？林區認為素人的優勢如下：

- **活用日常生活的資訊，直率地挑選個股**
- **能夠輕鬆買進小型股**
- **能夠依照自己的步調投資，不會拘泥於短期成果**

專業投資者雖然在知識、資訊和資金等方面比散戶投資者更有利，但他們也遭受各式各樣的限制，無法進行有彈性的投資。

舉例來說，專業投資者的資金相當龐大，因此不太能夠買進小型股。由於市場上流通的小型股數量稀少，交易量也低，所以專業投資者多半只能買進必要的量。據說很多公司也會禁止交易員買進市值太低的小型股。

此外，即使公司沒有禁止，很多專業投資者也會排斥買進與其他投資者差異太大的個股。因為對領薪水的交易員來說，如果買進獨特的個股而導致失敗，會成為扣分項目。相反地，如果和大家買進相同的個股，即使失敗也不致於遭受太大責難。

再者，專業投資者每三個月、或是一個月就會被要求提出成果，無法「只在理想的時機買進股票」。即使沒有認可的個股，也必須買進股票才能說得出自己做了什麼工作。此外，如果根據自己獨特的的判斷提高現金比重等待時機，而股價卻在這時上漲，只有自己無法獲利的話，也會成為嚴重的扣分項目。

由此可知，專業投資者受到各式各樣的限制，無法隨心所欲地投資。即使「發現可能成為飆股的股票」，也可能因為這檔股票屬於小型股、或是沒有其他專業投資者買進的獨特股票，而不敢貿然出手。

相較之下，林區能夠不受這些習慣與限制束縛，自由挑選個股投資。如果他在日常生活中發現好的個股，即使是小型股也會毫不猶豫地買進。

展現出這種投資方式的林區，比他人更積極尋找個股，投資的想法也如上述般自由且合理，他稱自己的投資方式是「揣摩素人想法的投資」。

此外，我們也透過這樣的想法，重新了解投資小型股較有利的理由。

換句話說，由於多數專業投資者都不會對小型股出手，因此即使出現好的股票，也經常是股價偏低的狀況。

當這些股票終於順利成長，發展到一定程度的規模時，專業分析師才會將其寫成研究報告，而看到報告的專業投資人這時才會開始投資。

相較之下，散戶投資者早在分析師寫報告之前就注意到這檔股票，並且能在公司的規模還很小時就買進。換句話說，散戶投資者能夠比專業投資者更早進行投資，也能在專業投資者高價買進時獲得賣出的機會。

因此在買進時，懷著「將來可能會漲到高價，吸引專業投資者購買」的想法，尋找個股非常重要。如果拋棄這種散戶投資者的優勢，追著專業投資者跑，那就太可惜了。

林區說：「素人只會在追著專家跑，想要模仿他們的時候失敗。」

分散投資飆股，就機率來看也是相當有利的戰略

「鎖定飆股」乍看之下似乎有風險。但林區告訴我們，「鎖定飆股」本身便是能夠有效管理風險的方法。

林區投資的股票，具備「損失只限於投資金額，但利益卻沒有極限」的特性。具體來說，就像是投資一百萬日圓買進股票，損失最高就是一百萬日圓，但利益卻有可能達到三百萬日圓或一千萬日圓。

換言之，就股票投資的機制來看，風險與報酬原本就不對稱。林區認為，如果想要最大限度活用股票投資的特徵，就不應該只鎖定一〇%的利益，而是要鎖定一〇〇%的利益，因為只要不是進行信用交易，損失最多也只有一〇〇%。

林區建議個人投資者採取「分散投資五檔可能成為飆股的小型股」戰略。即使在日常生活中找到中意的公司，並檢查了前面提到的五項重點，也不保證能夠百分之百成功。林區自己也坦承，他挑選的個股中有四成是失敗的。但他同時也說：「只要有六成的個股順利成長，資產就能大幅增加。」

林區的投資策略

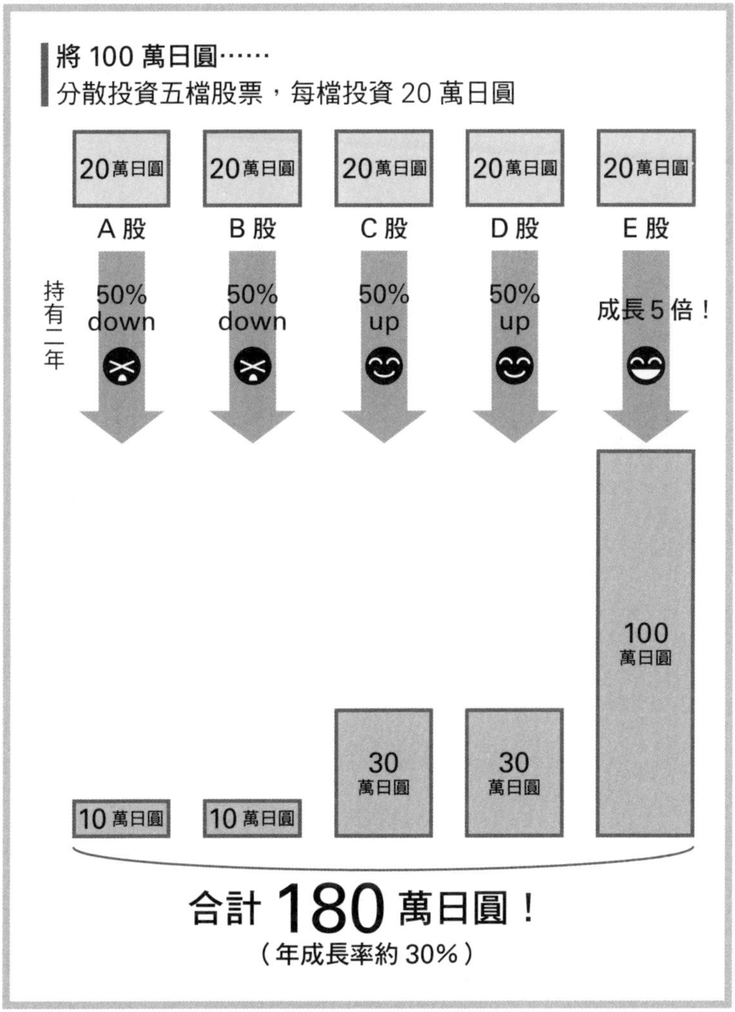
將 100 萬日圓……
分散投資五檔股票，每檔投資 20 萬日圓
20萬日圓
20萬日圓
20萬日圓
20萬日圓
20萬日圓
A 股
B 股
C 股
D 股
E 股
持有二年
50% down
50% down
50% up
50% up
成長 5 倍！
10 萬日圓
10 萬日圓
30 萬日圓
30 萬日圓
100 萬日圓
合計 180 萬日圓！
（年成長率約 30%）

舉例來說，假設選出五檔個股，每檔投資二十萬日圓，總共投資一百萬日圓。接著在持有兩年後，得到這樣的結果：兩檔個股失敗、兩檔個股還算成功、一檔成為飆股。更具體來說，假設兩檔個股下跌五〇%、兩檔上漲五〇%、一檔上漲五倍，那麼這一百萬日圓的投資資金就如同前頁圖解所示，變成一百八十萬日圓。

年成長率超過三〇%，正是林區達成的平均收益紀錄。只要兩年內能夠找到一檔成長五倍的個股，就能達到這樣的績效。而且挑選個股時不需要完全命中。買進五檔可能成為飆股的股票，只要有其中一檔命中即可。

先前也看了不少例子，我們的生活中會出現各式各樣的飆股，這點在任何時代都沒有改變，今後應該也不會改變！在尋找飆股方面，林區提醒一般投資者：「一般來說，每年會碰上兩、三次，甚至更多次這樣的機會。」

生活當中充滿了飆股的線索

彼得．林區在著作中介紹的幾乎都是美國的例子，但日本也好，其他國家也好，無論從前還是現在，日常生活中都會出現許多飆股。日本飆股的例子包括：

7-11（現在的7&i控股公司）　200倍

迅銷（優衣庫）　170倍

Park24（投幣式停車場）　40倍

唐吉軻德（折扣商店）　30倍

西松屋連鎖店（童裝）　30倍

山田電機（電器量販店）　50倍

明光網（一對一指導的明光補習班）　30倍

價格・com（比價網站）　15倍

Seria（百圓商店）　30倍

Koshidaka（「可爾姿」低價健身房）　30倍

Arcland Service（「吉豚屋」炸豬排）　10倍

JINS（「JINS」眼鏡）　150倍

Gungho線上娛樂（手機遊戲「龍族拼圖」）　100倍

……等等，族繁不及備載。

首先請仔細觀察自己的生活周遭。食物、飲料、衣服、帽子、鞋子、眼鏡、玩具、遊戲、手機APP等各式各樣包含生活中所有事物的商店或服務，都是尋找飆股的線索。

此外，自己一個人的經驗有限，可以聽聽各種不同人的意見。請試著專心傾聽家人、親戚、朋友或工作夥伴所說的話，有時候可以參與他們的興趣，說不定會有意外的發現，因為投資的線索隱藏在任何地方。

像這樣環顧周遭，或許會突然發現許多頗有意思的事物！

避開熱門產業的熱門股，鎖定冷門產業的冷門股！

林區這章的最後，就為各位介紹他的選股觀點吧！

林區提出的理想股票是「冷門產業的冷門股」，至於「熱門產業的熱門股」則是他認為應該避開的對象。

所謂的熱門產業，具有下列特點：

- **新進業者不斷增加，競爭變得相當激烈**
- **變化也相當激烈**

應付這樣的競爭與變化並不簡單，事實上除了一小撮企業之外，幾乎所有的企業都以失敗或衰退告終。

舉例來說，美國的汽車產業在二十世紀初進入黎明期，有一百多家對未來充滿期待的企業加入，但留下來的只有三家。二十世紀末ＩＴ產業泡沫化時，也有許多企業參與網路事業，但絕大多數的企業都消失了。

當然熱門產業中應該也有獲得成功、業績大幅成長的企業，如果能盡早看出這樣的企業並進行投資，也能得到莫大的利益。

林區雖然不擅長投資高科技股或ＩＴ相關類股，但也很早就發現與日常生活關係較密切的亞馬遜網路書店的潛力。如果是這類能夠以消費者的角度，確認使用體驗與熱門程度的「容易理解的公司」，那麼在經過第二階段的確認後，或許就能成為投資對象。我想投資這樣的公司，應該也能獲得莫大的成果。

然而多數情況下，必須具備一定程度的知識與判斷力，才能在競爭與變化激烈的熱門產業中，找出屬於勝利組的企業。說老實話，這對多數的散戶投資者而言難度相當高。

再者，任何人都能明顯看出該企業屬於勝利組的時候，股票的本益比也會因大量買超漲到四十至五十倍，比這個數字更高的情況也不少。

無論多好的公司，在如此高價的情況下買進，風險都會變得過大。在競爭激烈的熱門產業中，即使暫時成為勝利組，其成長力也會因為新興勢力的攻勢而衰退。在本益比極高的狀態下，一旦業績開始惡化，股價跌到數分之一的風險也會提高。

第二階段的檢查原本可以一定程度排除這樣的風險，但無論如何，熱門產業的熱門股票都很難操作。

另一方面，冷門業種的競爭與變化都相對都不大，只要一出現有野心的公司，就有機會穩健地擴大市占率。且在冷門業種中要分辨出鶴立雞群的優秀企業也較為簡單，如果是較單純的股票，也十分有可能在低點買進。

所謂的「冷門產業」指的是：

- **樸素不起眼的產業**
- **利基產業**
- **沒有成長性的產業**
- **被人嫌棄的產業**

林區舉出的具體事例包括

- **地毯製造商**
- **葬儀社**
- **事業廢棄物回收業者**
- **廢油回收業**
- **瓶蓋廠**

● 塑膠叉子與吸管的製造商

這些都是一般人難以想像會出現飆漲成長股的業種，然而每個業種卻都出現了飆股，而林區則以他敏銳的目光挑中了這些股票。任何業種都可能出現突出的企業，若冷門業種出現這樣的公司，更有機會打造一枝獨秀的地位。尤其是在一直以來平靜無風的業界，若出現革新性的公司，這間公司就有機會驅逐安於老舊體制的企業急速成長。

先前提到的日本飆股事例中，經營「JINS 眼鏡」的 JINS 公司就是其代表。這間公司在二〇〇九年之後，短短數年間就在眼鏡業界獲得爆炸性的成長。眼鏡是個市場規模逐漸縮小，商品價格、主要企業都幾乎沒有變化的無風產業。原有的公司瓜分這個持續縮小的市場，缺乏激烈的競爭，整個產業緩慢地衰退。

在這樣的狀況下，JINS 從投入五千日圓左右的低價薄型非球面鏡片開始，接二連三投入輕量眼鏡、抗藍光眼鏡、花粉對策眼鏡等機能眼鏡，在業界颳起旋風。帶來幾乎顛覆眼鏡原有概念的衝擊，原本不戴眼鏡的人也開始戴起眼鏡，市場本身也因此擴大。

JINS的股價因這樣的策略性，三年飆漲一百五十倍。只要是眼鏡使用者應該就會發現這樣的變化，並將其化為絕佳的獲利機會。

因為對投資者來說，當無風的業界出現成長企業時，或許就是能獲得莫大收益的時機。

CHAPTER 5

成長股投資之神所研發的「CAN-SLIM 選股法」

跟著威廉·歐尼爾學習

透過股價圖與業績
鎖定「急速成長的飆股」！

■威廉・歐尼爾 *William J. O'Neil*

鎖定「業績態勢」明顯位於「高點」的「小型股」

威廉・歐尼爾　一九三四年出生。進入證券公司後研究出獨門投資方法。三十歲時利用投資股票獲得的利益，取得紐約證券交易所的交易席位，並且成立專為機構投資者研究資訊的投資資訊公司。創辦了與《華爾街日報》抗衡的《投資者財經日報》（*Investor's Business Daily*）。代表著作是《笑傲股市：歐尼爾投資致富經典》（*How to Make Money in stocks*）。

重視業績態勢與股價圖，鎖定短期飆股

威廉・歐尼爾是美國代表性的投資者之一，出生於一九三四年，當時正值一九二九年股價大崩盤後的大恐慌時期。

歐尼爾雖與巴菲特同世代，但他的投資策略卻是「鎖定在數個月到兩年內，股價翻漲數倍至數十倍的成長股」，在本書登場的投資者中，應該與林區較為接近。

歐尼爾與林區的差別在於以下幾點：

- **歐尼爾選擇個股的條件相當明確**
- **相當重視股價圖的分析**
- **若條件符合，高科技股與生技股等也是必須鎖定的投資對象**

歐尼爾將其操作的方法命名為「CAN-SLIM選股法」。不僅歐尼爾自己透過這個方法獲得鉅富，目前已經知道許多散戶投資人都因為學會了這個方法而成功。

詳細分析一百年以上的資料，找出飆股的共同特徵

成長股該如何尋找？該在何時買進？何時賣出？歐尼爾為了探索其方法，詳細分析自一八八〇年代以來一千檔飆股的資料。

歐尼爾在著作中數度提到「歷史是會重複的」、「同樣的模式會不斷地反覆」。飆股也一樣，存在著數種反覆出現的業績及圖表模式。

即使社會不斷進步變化，人類的心理與本質從古到今都沒有太大的改變。人類在周圍環境影響下所做出的投資判斷，經常陷入習慣與常識當中，總是貪得無厭想要輕鬆賺錢，或過度恐慌……歐尼爾表示，從一六三四年鬱金香熱潮（Tulpenmanie）的發生與崩毀，到二〇〇七至二〇〇八年因房地產泡沫化所引起的金融海嘯，人類的天性都幾乎沒有改變。因此，只要回顧歷史，研究市場行情，就能找出幾種不斷反覆的模式，只要能夠瞭解這些模式的法則，就能立刻在股票市場上拉近與成功的距離。

本章將介紹歐尼爾投資成長股的方法。為了充分理解他的想法，我們先從他的經歷看起。

研究優秀基金的買賣找出「股票的絕佳買點」

一九五八年，歐尼爾在二十三歲時進入證券公司工作，到了一九六〇年，他已經歷過股票市場上各式各樣的變動，也對這個業界有了一定程度的熟悉，於是他開始摸索，企圖歸納出投資股票的法則。

歐尼爾首先開始分析在過去兩年創下最高投資紀錄的三個投資信託。其中他最積極研究的是德瑞福斯基金（Dreyfus Fund），這檔基金規模雖小，卻不斷締造突出的管理成績。

歐尼爾從三年份的管理報告中，確認基金買進的個股及平均買進價格，並在股價圖上做記號。他發現德瑞福斯基金有個驚人的投資傾向，就是其所持有一定金額以上的股票，全部都買在歷史高點。而富達管理的兩檔小規模基金，也透過同樣的投資方法獲得優異的成果。

接著，他開始研究什麼樣的條件能讓股票在業績面成長。最後得到的結論是，有以下三項條件：

❶機構投資者開始買進

❷獲利連續增加五年以上，本季EPS至少提升二〇%

❸股價在充分震盪後創新高，或可能創新高的股票，且突破震盪時的成交量至

少比平均成交量增加五〇%

機構投資者指的是基金或年金等投資大戶，由於資金龐大，一旦開始買進，就會成為股價上漲的重要因素。之後他又提到，這些資訊可以在「大量持有申報書」（譯注：日本的金融商品交易法規定，若持有上市公司超過五%的股票或投資證券等，就有向金融廳申報的義務）或「投資信託管理報告」等文件中看到。

業績表現良好也是股價上漲的要因，歐尼爾在這個時點的發現的條件如❷所述：「獲利連續增加五年以上，本季EPS至少提升二〇%」。

所謂股價震盪指的是橫向移動。若震盪一段期間後，出現股價隨著成交量創新高的變化，之後的股價就容易上漲。這也是歐尼爾特別在意的條件之一。

歐尼爾根據這樣的規則，在一九六〇年二月初買進環球火柴的股票，十六週後股價漲到兩倍，接下來也陸續取得出色的成果。這個策略在一九六一年上半年奏效，歐尼爾的資產也順利增加。

找到「賣出的三個條件」，讓資產在短期內增加四十倍！

然而，從一九六一年夏天開始，狀況急轉直下。歐尼爾的戶頭中擁有相當龐大的未實現利益，但後來股價到頂，由漲轉跌，未實現利益也一口氣蒸發。

歐尼爾對此感到相當懊惱，於是徹底分析至今為止的交易。他對照買賣紀錄在股價圖上標出買賣點，思考失敗的原因，以及該如何修正。

這樣的作業讓歐尼爾痛感「自己完全沒有擬定賣出股票的戰略」。

經過這樣的反省與反覆研究，歐尼爾最後確實定出關於賣出的規則，那就是：

❶虧損八％就認賠殺出

❷一般在利益達到二〇％至二五％時先獲利了結

❸一至三週內上漲二〇％的股票，買進之後至少連續持有八週

「虧損八％，獲利二〇％至二五％」，代表失敗時的「損失」與成功時的「獲利」呈現一比三的比率。採取這樣的方針時，即使勝率只有二五％，損益也幾乎都能打平，若能維持五成的勝率，就能獲得相當大的成果。

再者若一檔股票能在一至三週這麼短的期間內上漲二〇％，代表其蘊含著莫大的上漲能量，所以請切換成能夠充分享受上漲成果的戰略。根據歐尼爾的研究，連續持有八週左右，就有很大的機會摘得莫大上漲能量帶來的豐碩果實，因此可將買進之後的八週當成一個階段，這當中即使股價混亂，也要保持一定程度的耐心，繼續採取持有的方針。

不過，若業績面的數字不如預期，或是出現技術性賣出的訊號，也必須改採「賣出」的方針，這部分之後會再詳述。

歐尼爾根據這些明確的買賣戰略，發動了凌厲的攻勢，在一九六三年將五千美元的資本變成二十萬美元，短時間內就達到了四十倍的投資績效！

每晚研究到深夜的歐尼爾，確立了自己的方法與買賣規則，藉由投資股票獲得莫大的成果，對此他表示：「這全靠毅力與努力，與運氣一點關係也沒有。」

歐尼爾的「CAN-SLIM 選股法」

❶ **C**urrent earnings
最近這一季的利益急速擴大

❷ **A**nnual earnings
過去數年的業績呈現良好的趨勢

❸ **N**ew products, New management
擁有今後也能拉抬業績的商品與服務，或是新的經營體制

❹ **N**ew Highs
股價創下年初以來、去年以來、上市以來的高點等新高

❺ **S**upply and demand
需求量容易上升的小型股

❻ **L**eader or laggard?
擁有足以帶動市場的價格變動或業績的股票

❼ **I**nstitutional sponsorship
有力的機構投資者開始買進

❽ **M**arket
整體行情趨勢不壞（沒有走向下跌趨勢）

終極的成長股投資法「CAN-SLIM 選股法」

後來歐尼爾更將這個買賣戰略去蕪存菁，整理成「CAN-SLIM 選股法」。所謂的 CAN-SLIM 選股法，就是依照上頁條件挑選個股、評估投資時機。

歐尼爾自己只提出「七項條件」，N開頭的❸與❹可視為一項。但無論怎麼想，❸與❹都是不同的事情，因此本書將其分開，變成「八項條件」。我想這麼做應該更容易理解歐尼爾的意圖。

以下針對這些條件稍微詳細說明，不過我也會配合日本股市的現狀調整內容，有些部分與歐尼爾的主張並非完全一致。不過吸收投資大師的精華並實際活用時，根據自己的狀況適度調整也是非常重要的。

鎖定業績與股價明顯強烈變動的小型股

首先，歐尼爾的選股條件中，最重要的一點是「業績與股價明顯強烈變動的小型股」。更具體來說，歐尼爾挑選的大約是符合下列條件的股票：

- **過去三年營業利益與經常利益的成長率達到二五％以上，最近更加速到四〇％以上**
- **股價逼近上市以來的高點**
- **市值五百億日圓以下的小型股**

業績方面，歐尼爾將EPS的成長當成條件，但我認為，只要看營業利益或經常利益就可以了，即使沒有實質上的變化，EPS的數值也可能因為除權而砍半，或是因為非常損益等暫時性因素的介入，而導致趨勢變得難以判斷。如果是營業利益或經常利益，就不會受到除權或特別損益的影響，因此更容易看清企業的獲利趨勢。

此外，在近期的業績方面，歐尼爾將本季財報業績與去年同期相比的成長數字當成條件，但我想參考本季預測也是可以的。

簡單來說，業績順利或加速擴大是重要的趨勢。例如，經常利益若呈現十億日圓↓十三億日圓↓十七億日圓↓二十二億日圓的變化，就符合歐尼爾追求的目標。

歐尼爾也說，如果能加上以下條件就更為理想：

- **營業利益率為業界最高**
- **股東權益報酬（ROE）一五％以上**

營業利益率已經在本書中出現過好幾次了。投資大師多半將「營業利益率一〇％以上，ROE一五％以上」當成挑選個股的大致條件。

歐尼爾自己提出的條件是「稅前營業利益率」，但其數字通常與一般常用的營業利益率幾乎相同，因此只要使用營業利益率即可。

營業利益率的標準水準因業種而異，很難以「達到百分之幾即可」一概而論，但一般而言，達到將近一〇％或更高，就可稱得上是高獲利的優良事業。不過歐尼爾認為，即使低於一〇％，只要高於其他同業也算高獲利。

再者，業績不只從數字面確認，也要從定性面確認。

請各位試著思考並調查一間公司業績表現良好的背景、這間公司是否擁有今後也能更加拉抬業績的劃時代新產品或新服務、或者形成了新的營業體制等。

股價圖對於先前登場的四位傳奇大師來說並非重要條件，但歐尼爾卻相當重視。他極為詳細地調查過去飆股的股價圖模式，並將其整理成通則。

詳情之後會再說明，總而言之歐尼爾認為觀察股價圖時，最重要的就是「挑選價格起伏大的個股」。

所謂價格起伏大，具體來說就是：

- **價格變化明顯高於市場平均，甚至發揮牽引作用**
- **有機會創上市以來新高**

即使沒有創上市以來新高，刷新年初以來的高點或去年以來高點等近期的高點，也算是劇烈的變化。但歐尼爾鎖定的還是刷新上市以來高點、剛開始進入新領域的股票。小規模公司成為飆股時，都會在業績面與股價面創下突破既有框架的局面，而這樣的局面展現在股價上，就會呈現創新高的現象。

歐尼爾將「已發行的股票總數低於一千萬股」當成判斷「小型股」的標準。但不僅日美狀況不同，這個標準也會因股價水準高低而改變。

一般而言，透過市值來判斷一檔股票是否為小型股，是較常見的做法，我也覺得這個方法不錯。林區那章雖然已經討論過這個問題，但在理解歐尼爾的意圖後，再根據常識判斷，我想應該可以將「市值大約在五百億日圓以下」的股票當成小型股。尤其是市值大約二百至三百億日圓的股票，如果出現什麼好的變化，就更容易成為飆股了！

在本益比二十至五十倍左右買進，達到兩倍時賣出

如同前述，歐尼爾很重視業績好壞，而通常與業績一併受到關注的本益比，則

沒有列入他選擇個股的條件。歐尼爾反而對本益比不太重視。

但就大致印象來看，歐尼爾多半在本益比二十至五十倍左右買進股票。

不過，歐尼爾重視的還是業績有多好、股價變動幅度有多大、市值有多低，只要滿足這些條件，即使本益比高達一百倍左右，他也會買進。歐尼爾鎖定的終究是短期飆漲的股票，而真正的成長企業在幾年內就能獲得數十倍的利益。

但我認為，最好還是給予本益比一定程度的關注。舉例來說，本益比一百倍是平均本益比十五倍的七倍左右，就是預期利益將增加七倍水準。所以，利益實際增加七倍時，股價可能不會上漲。本益比一百倍的股票，可能要到「利益達到十倍左右」時才會出現回報。若利益達到十倍，那麼本益比獲得15×10倍＝150倍的評價也不足為奇。

這麼一想，如果買進本益比一百倍的股票，就會希望利益未來可能成長十倍左右。同樣地：

- **買進本益比30倍的股票，會希望利益可能成長約4倍**
- **買進本益比50倍的股票，會希望利益可能成長約6倍**

此外，歐尼爾也將「本益比達到買進時的兩倍水準即可賣出」的賣出法則記在腦中。

舉例來說，就好比在本益比三十倍時買進、六十倍時賣出；或在本益比五十倍時買進，一百倍時賣出。

關注有力基金悄悄買進的股票

我認為「有力的機構投資者開始買進」並非必要條件，但可做為尋找潛力股的一種有效思考方式。

這個條件可透過「大量持有申報書」或基金的管理報告等確認。大量持有申報書是在投資者的股票持有比重達到五%以上、或這樣的投資者的股票持有比重發生變化時，必須提出的文件，只要在網路上搜尋「大量持有申報書」，就能在相關網站上確認可供搜尋的資訊。投資人可以在申報書中搜尋大量持有者的消息，若過去穩定取得好成績的優良基金開始買進某檔股票，就值得探討這檔股票成為飆股的可能性。

此外，如果有某檔擅長發掘成長股，過去的管理績效也維持高穩定性的基金，或許也可以從網站上下載基金定期發行的管理報告來確認，並關注其新買進的股票。

目前的日本基金中，一二三投信、JPM日本、富達日本小型股等，都是公認擅長發掘小型成長股的基金。

不過歐尼爾也說，當機構投資者的持有比重已經相當高的時候（譬如占據排名前幾名的大股東地位），最好還是避開這檔股票。因為如果發生業績惡化等預測失準的情形，股價容易因為他們的拋售而下跌。

理想上應該在「一、二檔有力的基金悄悄開始買進（譬如股票持有比重一～二％左右）」時關注。因為在這種情況下，若業績實際有所成長，股價就可能因為這些基金之後的追加買進、或其他基金跟著買進而加速上漲趨勢。

整體行情「到頂的四個徵兆」以及「探底的三個徵兆」

歐尼爾提出的最後一項條件是「整體行情的動向」。當然，探底回升的情況最容易賺錢，一旦開始到頂下滑，就是最難賺錢的時候。

歐尼爾認為，整體行情探底之後的兩年內，是最容易賺錢的時期，若上漲超過兩年，出現到頂徵兆時，最好減少投資金額，暫時休息。

他舉出下列四個整體行情到頂的徵兆。

整體行情到頂的徵兆❶

機構投資者「獲利出脫」

指的是就股價變動來看，整體行情漲到相當高之後，給人「明明成交量增加，股價卻漲不太上去」的感覺。例如：

- **成交量增加平均股價卻下滑**
- **成交量增加，平均股價也上漲，但收盤價比起前一天更接近平盤**

歐尼爾指出，這樣的趨勢顯示，機構投資者等大戶投資者很有可能開始獲利出脫。若一個月出現三至五天這樣的趨勢，股價接近天花板的可能性就很高。

整體行情到頂的徵兆❷

從高點急跌後，「嘗試拉升卻失敗」

從高點急跌後會出現反彈行情，若反彈時成交量低，態勢疲軟，就很有可能在高點刷新失敗後進入下跌趨勢。

若實際上無法更新高點，更進一步跌破急跌時的低點，由漲轉跌的可能性就更高了。

整體行情到頂的徵兆❸

領導股的股價變動不如預期

若原本隨著業績強勢擴大，上漲幅度也持續高於平均股價的市場領導股，上漲幅度開始趨緩，價格變動不如理想，對整體市場來說也是一個危險的訊號。

此外，透過業績或股價圖等，幾乎找不到具有投資魅力的領導股時，也是整體行情到頂的徵兆之一。

整體行情到頂的徵兆❹

連續三次升息

所謂的升息，指的是中央銀行調升政策利率。

中央銀行是發行貨幣的銀行，譬如美國的聯準會，或日本的日本銀行。中央銀行透過增加或減少在外界流通的現金量，扮演調整景氣的角色。現金量減少稱為金融緊縮，其主要手段是升息。現金量增加則稱為金融寬鬆，主要手段是降息。

整體行情到頂的徵兆

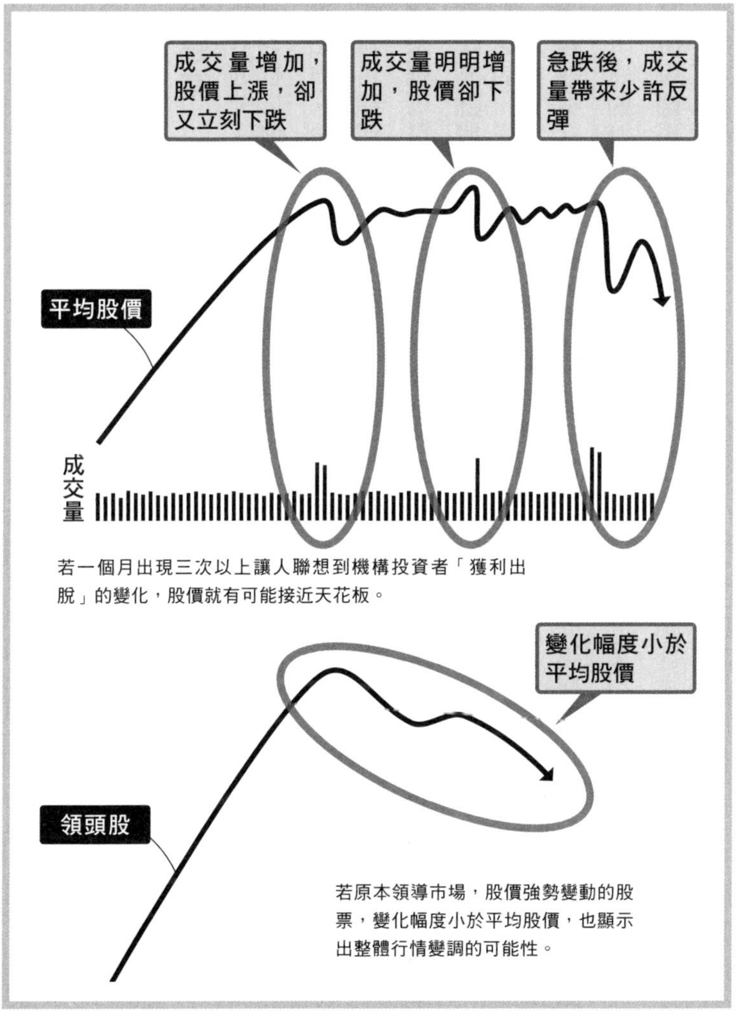
成交量增加，股價上漲，卻又立刻下跌
成交量明明增加，股價卻下跌
急跌後，成交量帶來少許反彈
平均股價
成交量
若一個月出現三次以上讓人聯想到機構投資者「獲利出脫」的變化，股價就有可能接近天花板。
變化幅度小於平均股價
領頭股
若原本領導市場，股價強勢變動的股票，變化幅度小於平均股價，也顯示出整體行情變調的可能性。

我們可以把金融緊縮想成是股價下跌的原因，金融寬鬆想成是股價上漲的原因。歐尼爾表示，只實施一次金融緊縮，股價不一定會到頂，但如果連續實施三次，股價到頂的可能性就很高（關於金融政策請參考二七六頁）。

以上是股價到頂，由漲轉跌的徵兆。

至於整體行情探底，股價止跌反彈方面，歐尼爾則列出以下的徵兆：

整體行情探底的徵兆❶　平均股價下跌後立刻恢復

整體行情探底的徵兆❷　低點更新失敗。上漲後再一次下跌，但沒有創新低

整體行情探底的徵兆❸　上漲開始的四至七天內加速上漲

以上幾點是歐尼爾列出的探底徵兆，若「下跌後立刻反彈」、「嘗試更新低點失敗」後，在四至七天內加速上漲，探底的準確率更高。

此外，如果在「看空的專家多持強烈悲觀論調」的狀況下，股價出現這樣的變動，更會加強探底的可能性。

在金融政策方面，若實施金融寬鬆政策，整體行情便更容易探底或止跌反彈。

經歷「假動作」後從底部彈升，就是絕佳買進時機

以上介紹的「CAN-SLIM選股法」，除了提出業績、事業內容、股價變化、市值、機構投資者的持有等挑選個股的條件外，也包含買進時機的概念，而接下來我們會更詳細來看個股的買點。

歐尼爾鎖定的買進時機，基本上都在股價來到新高點的附近。在此為各位介紹更仔細辨識買進時間的方法。

「在底部彈升時買進」和「買在新高點」一樣，都是歐尼爾思考買進時機的基本概念。

所謂的底部指的是指的是股價走勢呈橫向整理的線圖，可以是「頻繁波動」，也可以是「穩定持平」。彈升則是股價走勢突破橫向整理的高點。

整體行情的探底模式

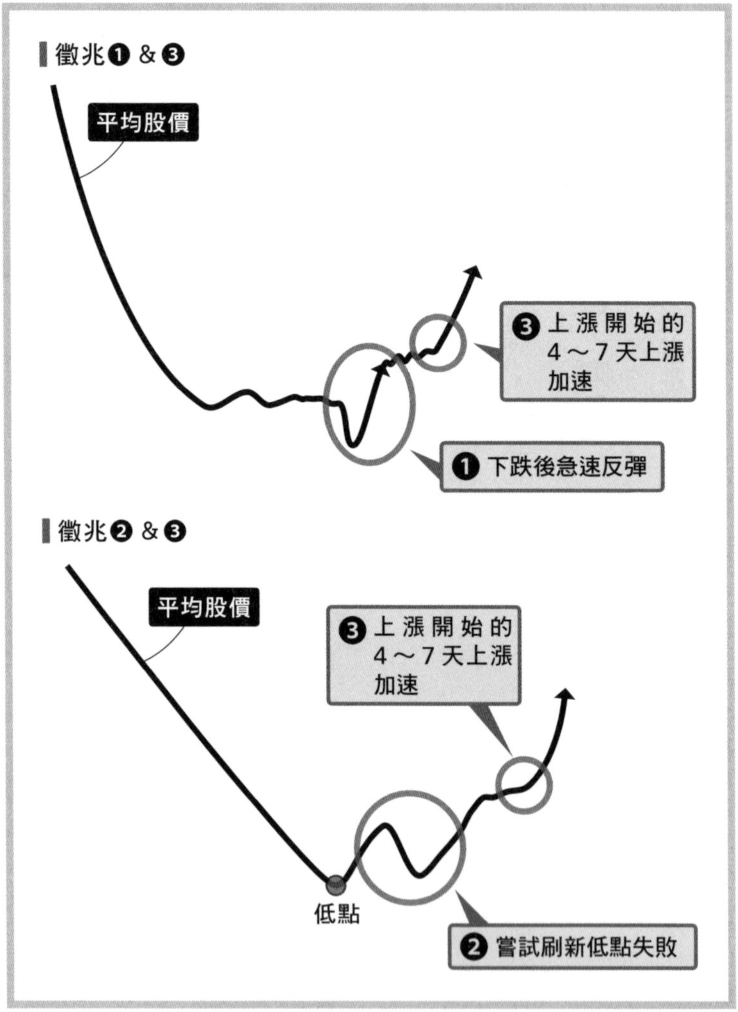
徵兆❶ & ❸
平均股價
❸ 上漲開始的 4～7天上漲加速
❶ 下跌後急速反彈
徵兆❷ & ❸
平均股價
❸ 上漲開始的 4～7天上漲加速
低點
❷ 嘗試刷新低點失敗

股價從谷底彈升到即將創上市以來新高之處，就是絕佳買點。即使沒有刷新高點，在高點附近形成底部，並出現彈升的態勢，也是買進的訊號。

特別在二至三次的「假動作」後再彈升，上升力道就會變得更加強勁。

所謂的「假動作」就是會欺騙投資人的變化，這裡指的是讓人誤以為上漲「撐不住！」的下跌趨勢。

這樣的「假動作」能夠篩去無法堅定持有股票的投資人。投資人只有懷著即使些微上漲也不賣出的想法，才能牢牢抓住股票。而這些股票一但開始上漲，就容易出現持續性的顯著漲幅。

「頻繁波動」後彈升是絕佳買點

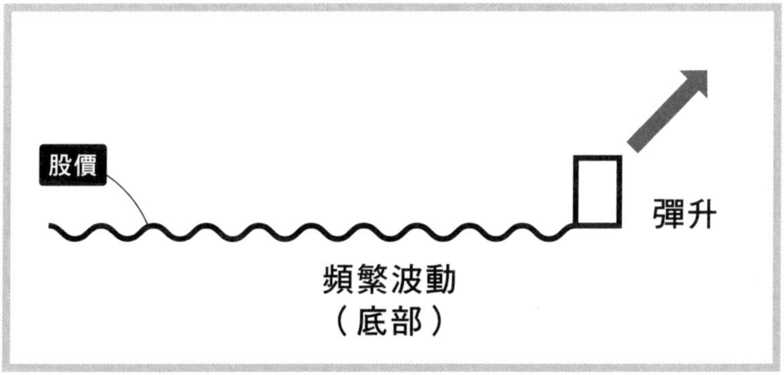

成長股常出現的「帶柄茶杯」

此外，歐尼爾表示，成長股最常見的共通有力模式，就是「帶柄茶杯」。如二〇〇頁的圖所示，呈現帶柄茶杯的線型。股價經過調整，恢復到高點附近後，持續出現如把手般橫向整理的線形模式。

若呈現這個型態，把手部分的高點刷新時，就是最佳買進時機。

帶柄茶杯的模式大約會在三至六個月間形成，短的話或許不到兩個月，長的話可能達到一年三個月。

把手部分一般需要花一至二週以上的時間才能形成，並且具備下列特徵：

- **形成帶柄茶杯之前，漲幅達到三〇%以上，股價呈現明確且穩健的上升趨勢。**
- **茶杯底部出現二至三次「假動作」**
- **茶杯部分高點到低點的股價調整幅度在一二至三三%左右**
- **把手本身位在杯狀高度的上半部，並朝下發展。在大盤樂觀的情況下，把手**

部分的跌幅大約是從高點起算的八至一二%。

- **股價下跌到最後，會出現假動作，使把手的低價創新低，這時的成交量也會極度萎縮。**

這個模式形成後，股價就順利進入容易上漲的良好狀況。

帶柄茶杯是股價調整（漲勢略為暫停）的模式，調整前的上漲力道越強，越有可能蘊含較大的上漲能量。

在上漲後的調整幅度方面，如果跌幅超過五〇%，茶杯底部太深，可能代表賣出需求量大，這種情況下就會出現把手部分突破失敗，或即使突破了漲幅也較小的傾向。根據歐尼爾的研究結果，調整幅度最好不要超過三三%。

此外歐尼爾也說，除了「上漲力道強勁」之外，能夠看到多次「假動作」的線型最為理想。

「假動作」如同前面說明，指的是股價出現一時疲軟或下跌的趨勢，使沒有自

成長股經常出現的「帶柄茶杯」模式

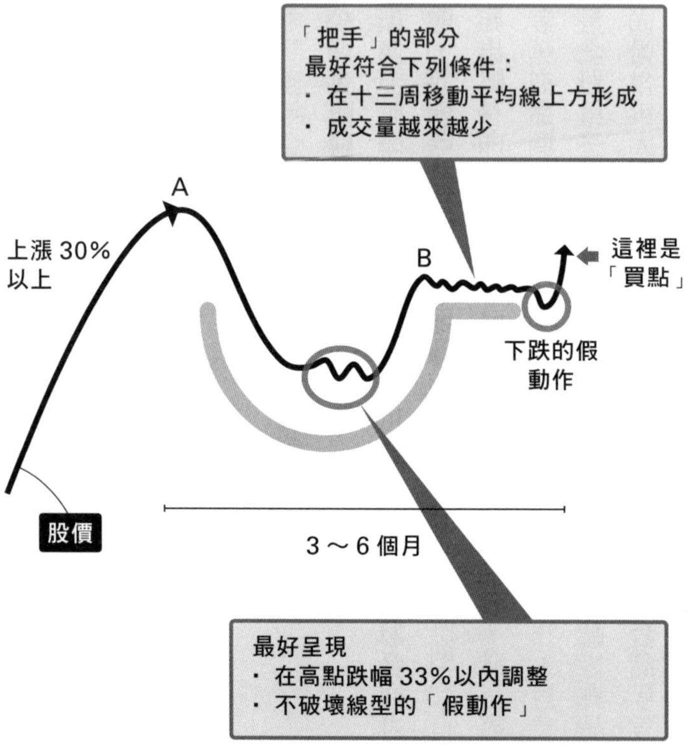

嚴格來說，把手漲到低於高點 A、高於把手高點 B 之處的「買點」並非新高，但歐尼爾認為這種線形最好。不過即使一口氣漲到超過高點 A 也無所謂。

信的投資者賣出股票，就像「過篩」一樣。

如果是懷著自信買進的投資大戶，這時會因為想要買在低點而暫停買進，採取觀望態度，使股價變動鈍化。部分沒有自信的投資人則會在這時賣出，導致股價下滑，而其他沒有自信的投資人見狀會更加慌亂地將股票脫手，最後股價就會「低於預期」。出現這樣的下滑趨勢後，常會看到真正想要買進這檔股票的大戶投資者開始買進，股價立刻就恢復原本的水準。這一連串的動作就稱為「過篩」或「假動作」。

沒有自信的投資人在股價上漲到一定程度後就會立刻賣出，因此股價開始上漲也能壓制他們的行動；當這些投資人消失，只留下堅定持有的投資人後，股價就很容易毫無阻礙地往上漲。所以杯子底部或把手的部分出現數次「假動作」，通常都能成為之後股價順利上漲的要因。

此外，若把手形成的位置在杯狀高度的上半部，且高於十週移動平均線，多半就能夠反彈成功，若形成位置在下半部，就會失敗。日本的股價圖中，一般較常看到十三週移動平均線，而非十週移動平均線，所以把這個條件想成「高於十三週移動平均線」也可以。

關於把手部分的結論是：「出現不破壞線形程度的過篩最為理想。」這可以透過前面列出的條件中提到的朝下發展、跌幅一二％以內、成交量減少等項目確認。

若把手本身呈現朝下發展的線形，整個把手就能像「假動作」一樣篩掉沒有自信的投資者，但如果這個部分的跌幅超過一二％，就顯示出賣出需求量大的可能性，也增加突破高點失敗的機率。

把手最後的過篩若出現成交量萎縮的現象，代表賣壓本身減少。

歐尼爾說，把手部分嘗試突破高點時，若大致符合以上條件，股價就有相當高的機率順利上漲。

歐尼爾的基本概念是，除了帶柄茶杯的模式之外，「底部」「假動作」「彈升」這三點也是判斷股價圖的重要因素。

投資者的最佳買點，就是在帶柄茶杯模式形成，並突破把手高點的時機。但之後多半會做出第二次底部，這時的彈升就是第二次買進的機會。

第二次底部通常會出現在第一次突破後上漲超過二〇％之處，有時也會出現在二〇％以下，不過無論哪個位置都是很好的買點。

歐尼爾也說，若出現第三至四次底部，突破失敗的可能性就越來越高（即使突破，也很快就碰到天花板），因此突破之後就很有可能是賣出時機。

尋找絕佳賣點

最後，讓我們來看看賣出時機吧！

歐尼爾在著作中寫道：「賣股票的最佳時機，就是股價正在上漲，而且每個人都相信接下來也會持續漲下去的時候。」他引用了以下這些成功者的話：

「目前為止我賣過好幾次正在上漲中的股票。多虧這麼做，我才可以不用損失自己的財產。雖然好幾次因為賣出股票而錯失高額的利益，但如果沒有賣出，就會被捲入暴跌時低迷的股價當中吧！」〔伯納德．巴魯克（Bernard Baruch）〕

「（在股市中獲利的祕訣就是）千萬不要在谷底買進，並且盡快賣出。」〔納森．羅斯柴爾德（Nathan Mayer Rothschild）〕

巴魯克是活躍於二十世紀上半、羅斯柴爾德是活躍於十九世紀上半的金融界傳奇人物，兩人都因投資而獲得巨富。

這兩位傳奇大富豪與歐尼爾都認為，股票要買在股價已經確實觸底，剛進入上升趨勢的時候，並且必須趁著還有漲勢時考慮賣出。

歐尼爾更具體的賣出戰略如一七九頁所介紹的，基本上必須遵守下列三個原則：

❶虧損八%就認賠殺出

❷一般在利益達到二〇%至二五%時先獲利了結

❸一至三週內上漲二〇%的股票，買進之後至少連續持有八週

歐尼爾表示，如果在底部已經形成，並且正要脫離時買進，就很少會受挫於虧損八%就停損的規則，即使落入這樣的情況，多半也能順利賣出，不會被捲入暴跌當中。而且這時買進，在利益達到二〇至二五%的情況下獲利了結的比例也很高，尤其是符合 CAN-SLIM 選股法條件的個股，能有更高的勝率。我自己在實際買賣股票時也很愛用這個方法，因為我確實感覺一切就如他所說的。此外，在三週內漲幅達到二〇%的個股，多半蘊藏著飆漲二至三倍的潛力。由於強烈的漲勢通常會持續八週以上，所以歐尼爾才會認為應該連續持有八週。

股價在這八週內當然會上下震盪，但跌到稍微低於十週移動平均線都還在默許的程度，應該繼續持有。日本的股價圖一般會附上十三週的移動平均線，所以也可以想成「跌到稍微低於十三週移動平均線都還在默許的程度，應該繼續持有」。因為十週移動平均線與十三週移動平均線並沒有太大的差別。

持有八週後必須注意的賣出訊號

若持有八週以上，可以選擇立刻賣出，或是繼續持有直到出現賣出訊號。所謂的賣出訊號是：

- **業績鈍化**
- **股價圖的賣出訊號**

出現其中一種即可考慮賣出。若兩者同時出現，訊號就更強烈了。

業績鈍化指的是：

- **業績預測向下修正**
- **預估新年度的營業利益成長率將大幅縮小**

歐尼爾認為，若新年度的營業利益率預估將縮小到三分之一以下就是警訊。舉例來說，原本營業利益以四〇％左右的速度成長，但新年度預估只會成長一〇％，這就是業績鈍化。

至於股價圖出現的賣出訊號，歐尼爾則指出如左頁所整理的幾種主要線形。

所謂的絕頂，指的是持續上漲後再加速上漲，彷彿來到股價高潮。典型的例子就是股價已經漲了好幾倍，最後兩週再漲五成，或一個月漲兩倍。

股票賣出的時機

❶ 達到絕頂

持續上漲後，以兩週內漲五成，或一個月內漲二倍的漲幅加速變化

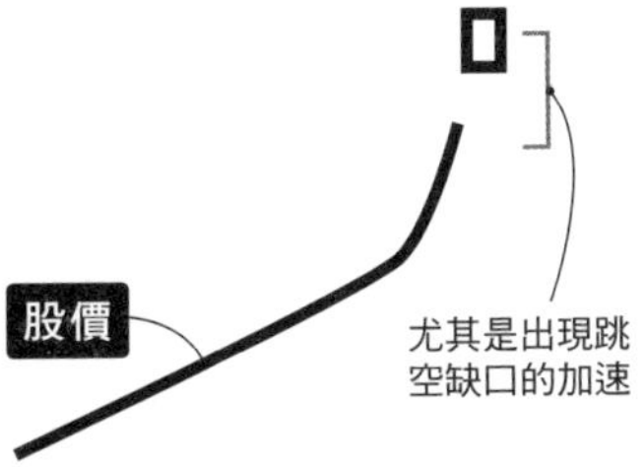

❷ 第三次或第四次底部

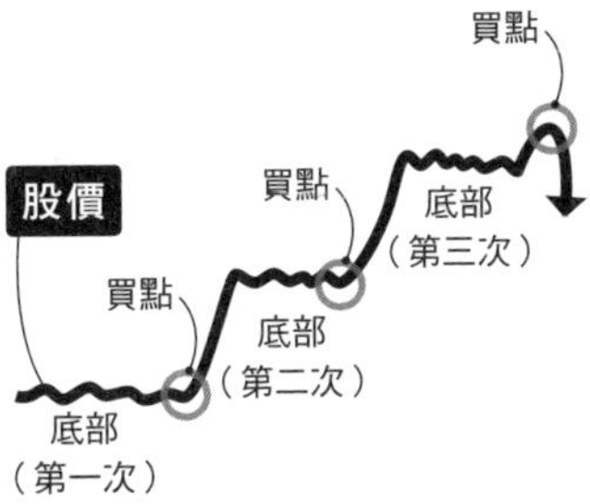

❸ 上漲鈍化，從高點急跌

上漲鈍化指的是成交量增加股價卻不再上漲，或是上漲力道不如平均股價

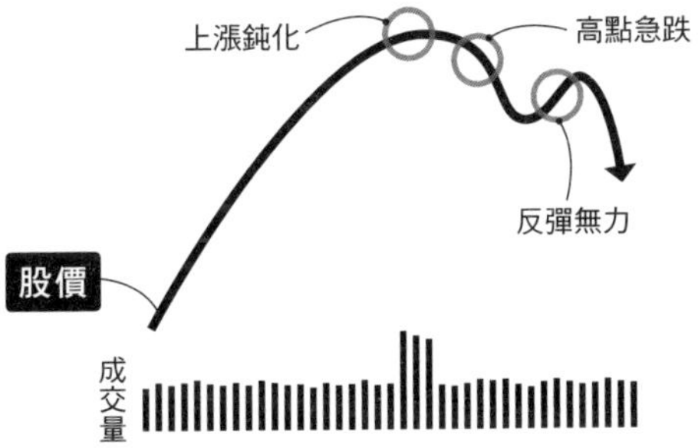

❹ 反彈無力

成交量低，高點也無法刷新

❺ 跌破十三週移動平均線並停滯

❻ 二百日移動平均線朝下發展

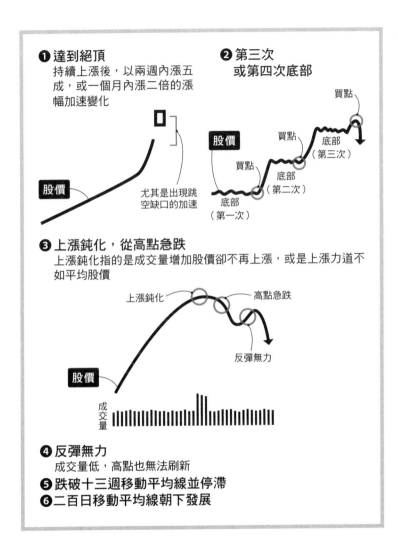

第三、四次的底部則如二〇二頁說明，這個階段已經有很多人對這檔股票產生信心，正鎖定突破底部的時機購買，但即使實際突破底部，也很容易就獲利了結，使漲勢在短時間內結束，股價也會出現到頂的傾向。

此外，從天花板急跌後會出現反彈，但這個反彈的趨勢也是重要的訊號。如果反彈疲軟，成交量低，附近的高點就很有可能成為天花板。

再者，如果反彈後跌破附近低點，股價到頂的可能性就更高了。

其他賣出訊號還有股價跌破十三週移動平均線，並就此持續停滯，無法回復到十三週移動平均線上、或二百日移動平均線朝下發展等，這時趨勢由漲轉跌的可能性就更高。

如同前述，歐尼爾提到的是十週移動平均線，但日本一般使用的是十三週移動平均線，因此這裡提到的條件也使用十三週移動平均線來代替。不過我想這對於股價圖的判斷幾乎沒有影響。

重新確認分析股價圖的意義

由此可知，除了基本面，歐尼爾也相當重視股價圖的分析，並強調其有效性。這點是歐尼爾與巴菲特等本書登場的其他投資者最大的差別，但我自己也覺得一定程度參考股價圖比較好。

若對基本面的判斷和巴菲特一樣接近完美，或許就不需要股價圖了。反而應該說，即使股價圖的線形惡劣，只要像巴菲特這樣判斷力優異且擁有龐大資金的投資者開始買進，通常能夠改善需求，讓股價圖的線形變好。

相較之下，散戶投資者，應該很難像巴菲特那樣做出接近完美的基本面判斷。就算覺得完美，也可能有考慮不周的地方。所以才需要觀察股價圖，調查巴菲特這些投資高手的動向。因為只要投資高手買進股票，股價圖就會呈現歐尼爾指出的良好線形。

換句話說，觀察股價圖就相當於追蹤投資高手的動向。

這麼一想，就會覺得歐尼爾這種結合基本面分析與股價圖分析的手法，可說是散戶投資人相當容易上手的手法，我自己也非常愛用。

CHAPTER 6

「我只是等錢掉在路邊，才走過去撿起來」

跟著吉姆·羅傑斯學習

「價格與變化的戰略」

■吉姆・羅傑斯 *Jim Rogers*

鎖定在「低價」狀態下發生「變化」的時候

吉姆・羅傑斯 一九四二年出生。曾任職於證券公司，一九七〇年，他二十八歲時，與喬治・索羅斯共同創設量子基金，在十年內達成四十倍以上的績效，並於三十七歲時帶著賺得的一千四百萬美元退休。他完成過兩次環遊世界的冒險，並將旅程記錄在《投資騎士》（*The Investment Biker*）一書當中。

世界上的所有事物都能成為投資對象！

吉姆・羅傑斯是有最成功的避險基金之稱的量子基金創設者之一。一九七〇年，他在二十八歲時與比自己大十二歲的喬治・索羅斯合夥創設這檔基金，直到退休為止，在十年內達到年成長率四〇%，累積資產增加超過三十倍的績效。索羅斯在此之後也繼續操作量子基金，現在已經累積了將近兩兆日圓的個人資產，與華倫・巴菲特並稱股市雙傑，成為金融界活生生的傳奇。

避險基金是能夠賣空的基金。所謂的賣空，指的是借股票來賣，日後再買回償還的交易機制，並透過這種高點放空，低點買回的方式獲利。而且避險基金的買賣對象不只股票，世界各國的貨幣、原油、黃金、小麥等商品，以及在市場上流通的所有事物都能買賣。

避險基金在一九七〇年代是數量與資產額都少的冷門存在，但在量子基金大獲成功之後避險基金大量出現，現在已經與一般基金、退休基金等，同樣成為金融市場上的主要玩家。

近年來散戶投資人也開始輕鬆買賣原油、黃金、小麥等商品期貨與ＥＴＦ，我想避險基金的手法也有很多值得參考的地方。

羅傑斯現在的個人資產狀況沒有公開，雖然金額可以想見應該比索羅斯遜色，但他確實累積了龐大的個人資產。此外，索羅斯的投資理論相當難以理解，相較之下，羅傑斯的理論就簡單易懂，對一般散戶投資者來說，有許多能夠參考的部分。當然，從羅傑斯身上也能學到大獲成功的量子基金最精華的投資策略。本章將為各位介紹羅傑斯，並跟著他學習投資的方法。

羅傑斯辭去量子基金的工作時才三十七歲，但那時他已經獲得一千四百萬美元的報酬。若參考物價將他的資產換算成現在的價值，大約相當於數十億日圓左右。後來他也成為散戶投資者，除了投資美股與海外股票之外，也透過買賣世界各國的貨幣、黃金、原油、小麥等所有能在市場上交易的事物增加資產。一路走來投資過各種事物的羅傑斯，採取的手法其實極為基本且單純。

「價格與變化的戰略」

羅傑斯的投資戰略就是「投資價格極低，並發生良好變化的標的」。由於他的著眼點在於低價（價格）與變化，因此我就稱之為「價格與變化的戰略」。這個戰略有兩個步驟：

❶首先透過業績面與資產面，尋找股價長期處在低迷狀態，價格水準「低到不可能再低」的投資對象

❷觀察這個投資對象，若開始出現好的徵兆就買進

因為如果在「股價低到不可能再低」的水準買進，即使失敗損失也相當有限。

另一方面，如果投資對象開始出現好的變化，就能期待大幅上漲。換句話說，就損失與獲利的比例來看，這是極為有利的戰略。

著眼於陷入長期低迷的必要事物或本質優秀的企業與國家

該怎麼看出「股價低到不可能再低」的狀態呢？

關於這點，羅傑斯著眼於下列兩個價格或股價陷入長期低迷的狀態：

- **世界上不可或缺的事物**
- **本質優秀的企業與國家**

羅傑斯投資的代表性事物具體來說包括：

- 一九七〇年代初期的天然氣、石油、黃金
- 一九八二年的德國股票
- 一九九八年的黃金、原油、農產品
- 二〇〇二年的中國股市

首先，投資對象鎖定在「世界上不可或缺的事物，以及本質優秀的企業與國家」，這點非常重要。原油之類的能源、黃金．白金等貴金屬、銀．銅．鋁之類的工業用基本材料等，都是人類不可或缺的商品，只要我們還活在這個世界上，其必要性就不會消失！

至於本質優秀的國家，羅傑斯指的是國民優秀、市場經濟開放且自由的國家。就這點來看，德國可說是其典型。

中國雖然是共產主義國家，但國民自古以來重視教育、努力工作，擁有許多優秀的人才，且自從一九七八年開始採取改革開放路線之後，便朝著自由與開放邁進，用羅傑斯的話來說，他們是「優秀的資本主義者」。

在分辨企業的方法方面，事實上羅傑斯並未詳細說明。不過我想，對這個世界

來說不可或缺的企業，或是擁有無可取代的技術與商品的企業，應該就是具有投資價值的優秀企業。

羅傑斯認為，若這些商品、國家、企業的價格或股價長期低迷，那麼在某個時間點就很有可能出現重大的投資機會，必須將其當成投資對象仔細觀察。

舉例來說，我們生活中不可或缺的商品若價格低迷，導致生產者無法獲利，商品數量就會減少。在這種供給能力大幅降低的狀態下，若需求增加，價格就容易因缺貨狀態嚴重而大幅上漲。

若優秀的國家或企業股價長期低迷，優秀的國民與公司就會拼命努力，想盡辦法脫離困境。一旦努力終於開始展現成果，股價就很有可能脫離低迷水準，甚至翻漲好幾倍。

羅傑斯便透過關注商品供需，以及國家與企業的成長機制，尋找投資機會。

不是「單純的反向操作」，而是「戰略性反向操作」

買進大幅降價的事物，等待回升機會的投資法稱為「反向操作」；買進上漲的事物，順從其上升趨勢的投資法稱為「順向操作」。

我覺得，本書介紹的投資者當中，葛拉漢的手法屬於典型的反向操作，歐尼爾則是典型的順向操作。費雪的手法勉強算是順向操作，巴菲特則勉強算是反向操作，林區則視情況有彈性地使用這兩種方法。

至於羅傑斯，則是堅定的反向操作投資者。

但是，羅傑斯卻反對單單只是在「降價時買進」的這種「單純的反向操作」。

商品價格與股價一旦進入下跌趨勢，就不知道會跌到哪裡。尤其是未來展望出現嚴重問題的公司，股價會持續跌到幾分之一，甚至幾十分之一，若情況嚴重，甚至會導致破產。

就投資者的心理來看，若熟悉的公司股價大幅下滑，會有種降價大拍賣的感覺，這時買進看似相當划算。但羅傑斯說，這種單純反向操作的投資多半會失敗，是破產的典型模式。

價格持續下滑的時候，必須思考「這個東西降價的背後，有什麼重大理由呢？」此外也必須分辨，這次降價只是暫時性的，還是通往更低價格，甚至是破產的過程？

此外，價格下滑的趨勢雖然停止，但也必須注意因大幅降價而導致低迷的情況。如果能夠判斷原本有價值的商品價格、企業股價或國家經濟趨勢「應該不會再往下跌了」，就可說是投資條件相當完備，但這樣的低迷也可能持續五年，甚至十年，雖然不至於虧損，但投資一直沒有回報也很痛苦。為了避免事態演變至此，確定會出現「好的變化」後再買進也很重要。

相較於「單純的反向操作」，羅傑斯採取的賣空則稱為「戰略性反向操作」。如果將到此為止的重點做一個整理，這個「戰略性反向操作」就是：

● 確實掌握「下跌的背景」

- 能夠做出「應該不會再往下跌了」的判斷
- 研判開始出現「好的變化」時再買進

投資德國股票上漲數倍的例子

接著就來看戰略性反向操作的實例。亦即羅傑斯在一九八二年時投資德國股票的例子。

這時的德國股票雖然已經持續低迷長達二十一年，但實體經濟確實逐漸改善。羅傑斯見狀後認為「不管怎麼想，股價都應該不會再跌了」。

那麼，為什麼這時的德國股價會持續低迷呢？因為以美國為首的全球經濟與股價陷入混亂與低迷，且當時在德國執政的社會黨，持續採取打壓股市的政策。

但這時的德國開始出現兩個好的變化。一個是經濟本身開始好轉，另一個是重視股票市場活性的在野黨基督教民主黨支持率上升，可能贏得選舉、取得政權。羅傑斯的看法是：「如果基督教民主黨拿下政權，股價應該會大幅上漲！」

但如果他的希望落空，基督教民主黨落敗的話——

「或許股價不會上漲，但應該也不至於下跌」羅傑斯這麼認為。因為德國的經濟本身開始好轉，股價也來到「應該不會再往下跌」的低點。

選舉結果正如他所料，基督教民主黨獲勝，與此同時股價也急速上漲，並就此進入長達數年的大漲趨勢。羅傑斯持有德國股票三至四年後，便取得了股價翻漲數倍的績效。

一個國家成為良好投資對象的兩個條件

接著我們再進一步來看，羅傑斯對於「投資哪個國家比較好」這個問題的想法。

羅傑斯最大的魅力，在於他比任何人都精通世界各國的經濟與股市。他從年輕時就對世界上各式各樣的事情感興趣，想要了解世界上的萬事萬物，具有旺盛的求知慾。而從事避險基金的工作，可說是他滿足求知慾的方法之一。

後來，他想要了解這個世界的欲望，轉變成為想在這個世界到處看看的願望，於是他在一九九〇年展開環遊世界的機車之旅。當時的蘇聯等共產主義國家仍對美國人關閉門戶，必須花好幾年的時間才能取得入境許可，這趟冒險可說是費盡千辛萬苦才得以實現。羅傑斯花了將近兩年走遍六個大陸共五十個以上的國家，堪稱一場大冒險。

羅傑斯在之後的一九九九年也出發展開第二次環遊世界的冒險之旅。他花了大約兩年半的時間，造訪一百一十六個國家，其中包含了三十個以上的非洲國家與十五個內戰地區，冒險規模超越上一次。

學生時期的羅傑斯，曾在美國的耶魯大學與英國的牛津大學等名校學習歷史與哲學。他操作避險基金的十年來，為了尋找世界上各式各樣的投資機會，也閱讀了數量龐大的書籍與資料學習，而兩次加起來超過四年的世界之旅，也讓他實際前往世界各國，透過自己的雙眼確認這些知識。「想要了解一個國家的真實樣貌，進入其國境是最好的方法」他親自實踐這句話，實際與世界各國的人們交流與投資，透過體驗加深對世界的理解。

當然，對於喜歡投資的羅傑斯來說，這也是挑選投資對象的旅程。他參考實際在當地體驗與見聞進行投資，遭遇一次又一次的成功與失敗，磨練國際投資的眼光。羅傑斯在世界各國投資時的判斷力，應該無人能出其右吧！

如同先前所述，羅傑斯判斷一個國家是否具備投資潛力的標準，是國民的優秀程度與國家的政策、體制。

羅傑斯透過對教育的積極程度、以及對工作與事業有多少自覺，判斷國民是否優秀。直接了當地說，如果一個國家擁有許多重視教育、努力工作的國民，就具有相當高的潛力。

在國家的政策與體制方面，羅傑斯認為自由、對外國採取開放態度、重視市場原理對經濟發展很重要。反過來說，保護主義、環境封閉、過度限制等，是一個國家經濟衰退的原因。

羅傑斯在著作中也舉出許多可以證明這點的歷史事例，他自己在世界上到處遊歷，嘗試與各種不同的人交流，透過許多例子實際體驗自由開放的政策與體制如何促進人們的活動，封閉的保護主義政策又是如何反過來奪去人們的活力。

自由、開放、市場原理發揮作用的世界，隨時需要競爭與努力，對積極的人來說是容易活動的環境。但另一方面，對於消極的人，尤其是想要守住既得利益的人來說，則是嚴峻的狀態。

此外，重複的歷史也顯示，積極有能力的人才、企業或國家，即使遭受重大失敗或陷入低迷，也不會透過保護主義或封閉主義來逃避，而是能夠正面解決問題、克服艱困時期，藉此反過來強化體質。

靠著創造性破壞復活的瑞典與優先採取保護主義而持續低迷的日本

羅傑斯舉出一九九〇年代初期，日本與瑞典同時陷入房地產泡沫化的經濟危機做為典型例子。當時兩國在政策上的處理迥異，日後長期的經濟趨勢也有截然不同的發展。

日本反覆透過金融政策與大規模的景氣對策，保護競爭力低落的銀行與企業，延長其壽命，產生大量的殭屍銀行與殭屍企業。雖然藉著強力推動這些保護政策暫時恢復景氣，但很快就失去效用，這樣的過程不斷重複，在這種情況下，企業無法產生新陳代謝與人才的流動，因此沒有辦法真正復活，結果導致經濟長期停滯，這段時期被稱為失落的二〇年。

另一方面，瑞典不採取這種保護主義，對因為誤判情勢而陷入經營危機的企業見死不救，導致大量企業破產與許多人失業。這種嚴酷的政策雖然讓經濟陷入二、三年的混亂，度過一段艱辛的時期，但企業在這段期間發生新陳代謝與人才流動，許多優秀的新創企業也開始出現，結果造就了世界少有的健全且強大的經濟體系，以及令人讚嘆的長期經濟榮景。

瑞典這種不傾向保護主義、任憑應該倒閉的企業倒閉，不勉強拯救，以此為基礎重振經濟的做法稱為「創造性破壞」，羅傑斯認為這才是激發出資本主義經濟動能的做法。

若一個國家的經濟狀況陷入困境，保護主義與封閉主義無論如何都會崛起。經營陷入困境的銀行與企業極力向政治家求救，為了逃避與外國企業競爭的嚴峻環境，他們往往會要求提高進口關稅以及外國企業進入國內市場的門檻；批評外國移民搶去工作的聲音也會開始出現，排斥移民的傾向也會逐漸明顯。

此外，經濟陷入困境的國家，也容易採取貨幣貶值的政策。所謂貨幣貶值的政策就是廉價賤賣貨幣，也是廉價賤賣國家的政策。

羅傑斯說，回顧歷史可以發現，這種保護主義與封閉主義，就是導致國家經濟衰敗的主要原因。

自由化與放寬限制的過程中隱藏著重大的投資機會

就上述羅傑斯的觀點來看，日本直到二〇一四年的今天，依然持續仰賴金融政策與景氣對策，尤其是對於金融政策的依賴逐步升級，且繼續強力抵抗貿易自由化與移民政策，我不得不說，日本在邁向經濟真正回復的路上還有許多問題。實際上，羅傑斯也批評現在日本的經濟政策過度偏向保護主義，並預測日本總有一天將會面臨嚴峻的局勢。

但是日本人重視教育，與其他國家相比，擁有高學歷，努力工作的人也很多，從國民的優秀性這點來看，應該擁有相當高的潛力吧？證據就是戰後五十年的經濟成長無論就全球來看，還是就歷史來看，都可說是相當驚人。

所以，日本應該採取以下方針：

- **脫離過度保護的金融政策與景氣對策等**
- **邁向放寬限制與自由化**
- **推動貿易自由化與移民政策等開放性政策**

雖然將經歷好幾年的嚴峻狀況，但日本或許有可能因此真正復活。這是根據羅傑斯提出的概念所得到的結論，而我自己也是這麼想的。

仔細想想，戰後的日本之所以能有驚人的經濟成長，也是因為戰敗與財政破產的悲劇扮演了創造性破壞的角色。無論是主動走上這條道路，還是被迫走上這條道路，總有一天日本也會經歷創造性破壞的過程，迎來完全的復甦吧！這時將會成為真正的投資機會。

當然，日本從一九九〇年代以來並非什麼都沒有改變，行動通訊事業與證券交易手續費等局部的放寬限制與自由化，讓這些領域的新事業與企業爆炸性成長，出現重大的投資機會。一直以來的例子都證明了放寬限制與自由化能夠激勵人民、促進經濟活化。

今後的日本經濟發展方面，醫療、農業、人力資源等領域，都可望放寬限制與發展貿易自由化。我想只要實際推動這樣的政策，就有可能產生重大的投資契機。到時候投資者便應該尋找有機會因此飆漲的股票。

世界經濟的重心將「從歐美轉移到亞洲」

羅傑斯認為日本以外的亞洲各國，全部都是很好的投資對象，其中他最喜歡的國家是中國。

共產主義下的中國雖然因長年的經濟低迷所苦，但自從一九七八年，在當時國家主席鄧小平的主導下，採取改革開放路線後，就進入長達三十年以上奇蹟式的經濟發展。

羅傑斯說，中國人原本就具備優異的商業直覺。他提出的證據是，中國在歷史上曾經歷過好幾次世界最繁榮的時期，即使在國家局勢低迷的時代，還是有許多被稱為華僑的中國人活躍於世界各地尋找活路。我前面已經提過，羅傑斯自己也曾前往中國好幾次，與許多中國人接觸，並且表示「中國人是優秀的資本主義者」。

這些「優秀的資本主義者」的能力，在共產主義體制下長年受到壓抑，他們的能力因鄧小平的改革開放路線而解放，一口氣開花結果。

羅傑斯在一九九九年到二〇〇二年間，展開第二次環遊世界之旅，他察覺到「中國是目前全球最具活力的國家」，並確信「二十一世紀是中國的世紀」，因此開始投資中國股票。自此之後到二〇〇八年，中國股票翻漲了數倍。

不過，共產黨一黨獨大、貪污狀況多、房地產泡沫化、外匯管制……等，中國有許多問題也是事實，今後恐怕也會時常發生與這些問題相關的混亂。但是，可以預測中國經過這些之後，終將成為超越美國的經濟大國，並且還會產生許多重大的投資機會。

除了中國之外，羅傑斯也給予新加坡及越南相當高的評價。這兩個國家不僅國民優秀，採取自由、開放的政策也是獲得高度評價的重點。

新加坡不僅擁有華僑等原本就相當優秀的國民，也推行自由、開放的政策，是中國改革開放路線的範本，現在已經成為亞洲首屈一指的經濟先進國家，其強盛堅若磐石。

越南的經濟雖然因為長期的社會主義體制而停滯，但國民原本優秀勤勉，政府也轉向自由開放的路線，羅傑斯預測其高成長性今後將更加顯著。

另一方面，羅傑斯也認為美國等歐美的先進國家因為過度依賴金融政策，而走向「日本化」之路。

尤其是美國，從一九九〇年代後期開始，只要景氣惡化就採取大膽的金融寬鬆政策，導致IT與房地產的泡沫化，當泡沫破滅，政府又再採取更大膽的金融寬鬆……這樣的事情屢次反覆，終於在二〇〇八年招致金融海嘯的惡果。

羅傑斯說，美國在金融海嘯之後，即使採取更極端的金融政策，景氣也沒有恢復，最後只是在重蹈覆轍，讓狀況更加惡化；而他也說，如果美國沒有透過金融寬鬆來拯救經濟，而是採取促進創造性破壞的政策，那麼即使嚴峻的狀況持續數年，最後經濟還是能夠變得更加健全而強大吧。

總之，從大方向來看，經濟的重心開始從歐美轉移到亞洲，而羅傑斯認為，這樣的趨勢今後也將持續。

透過「供需法則」預測大趨勢的轉換

羅傑斯為了看穿「低價」與「變化」，也把目光焦點擺在「供需法則」。他認為「供需法則」在商品投資方面，更具決定性的意義。

舉例來說，羅傑斯在一九七一年投資天然氣、一九九八年投資石油與黃金，並獲得成長好幾倍的成果，而他就是透過對「供需法則」的關注，找出投資機會。

羅傑斯在一九七一年投資天然氣時，發現儘管全球越來越需要這種便宜、乾淨的能源，其供給與儲備量卻來到歷史低點。

為什麼天然氣的供給量會在這時來到低點呢？因為天然氣的價格被限制在相當低的水準，對生產者來說難以回本，所以天然氣田長年荒廢沒有開採。

羅傑斯拜訪經營天然氣管線的公司時，發覺不僅天然氣的價格過低，供給與儲備量也很少，經營者哀號這個事業越來越難賺錢。事實上也出現了破產的企業，業界呈現即將瓦解狀態。

但羅傑斯認為，全球對於天然氣本身的需求量越來越高，政府的限制不可能永遠持續，變化的時機逐漸逼近。而事實上，後來限制天然氣價格的政策果然觸礁，其價格因供需法則而大幅上漲。

他在一九九八年投資價格低迷的黃金和原油時也一樣，因為新興國家崛起，全球對於黃金與原油的需求量越來越高，但受市場長期低迷的影響，供給體制變得過於萎靡，因此他判斷價格已經具備隨時都有可能大幅上漲的條件。

實際上，金價在此之後上漲五倍，原油價格則上漲十倍。後來隨著價格上漲，開採、精製的事業也變得合算，因此金礦與油田的開採越來越興盛，供給量也逐漸增加。

另一個大趨勢是「從金融到農業」

羅傑斯認為，未來到了二〇二〇年代，農產品將成為眾所矚目的焦點，尤其是小麥、大豆、玉米等基本農產品將備受關注。這些農產品的價格直到一九九〇年代晚期都長時間持續低迷，雖然二〇〇〇年代就開始上漲，但羅傑斯認為，考慮到供需法則，今後還有持續上漲的可能性。這是因為農產品的供給量與全球糧食需求的增加量相比，極度地短少，所以就像能源事業從二〇〇〇年代之後開始興起一樣，今後農業也將大幅發展。

羅傑斯認為，持續到二〇二〇年代的經濟主要趨勢除了「從歐美轉移到亞洲」外，還有「從金融業轉移到農業」。

二〇〇八年發生金融海嘯以前是金融業的全盛時期，金融業自豪的是不僅能夠影響經濟界，對於政治界也擁有莫大的影響力。

優秀的人才在這樣的狀況下逐漸流向金融界。其中一個現象是，美國取得MBA（經營管理碩士）的人原本只有大約一萬五千人，後來膨脹到二十萬人前後。因為有野心的年輕人多半想要進入金融業，而他們大部分為了確保自己在金融業的成功，將取得MBA當成目標。

但是，一九九〇年代之後，全球的現金已經因為先進國家反覆的金融寬鬆而氾濫，再加上金融業界呈現人才飽和的狀態。羅傑斯認為，就供需法則來看，金融的價值與力量將逐漸衰退，農業將順勢取而代之。

因此羅傑斯在邁向二〇二〇年的長期展望中認為，在商品方面應該注意農產品，企業方面應該關注農業相關企業。而他也建議有野心的年輕人「未來應該以在農業界發展為目標，而非金融業」。

給散戶投資人的建議

羅傑斯也在著作中給了散戶投資人以下的建議：

- **徹底學習、調查自己感興趣的領域，將這個領域當成投資對象**
- **投資時必須考慮今後十年左右的大趨勢**
- **等出現「像是撿起掉在路邊的錢一樣」簡單而確實的機會再投資**

這些都是與巴菲特共通的想法。

「撿起掉在路邊的錢」是羅傑斯獨特的表現方式，他認為買賣不應該太過手忙腳亂，應該好好調查、仔細思考，靜待真正的時機到來。具體來說，他認為「請抱著人生只會投資二十五次的想法」。

投資型態因人而異，短期而頻繁的買賣也是一種型態，有些人適合這種做法。無論如何，最後只要採取適合自己的型態即可。

不過我認為，用心尋找像是「撿起掉在路邊的錢」那樣，比較損失與獲利後依然覺得有利的投資機會，對於短線投資來說也是通用的技巧。

CHAPTER 7

什麼是「全球觀點」和「本益比與成長率的關係」？

跟著凱因斯、坦伯頓、奈夫、是川銀藏學習

提升對「成長性」與「低價」的判斷力

跟四位投資大師學習
看穿「成長性」與「低價」的方法

到此為止我們已經學到六位投資大師的方法，綜合來看可以知道，「成長性」與「低價」是兩個非常重要的重點，可說是投資股票的兩大要素。

前面提過，吉姆．羅傑斯的投資訣竅是「關注價格與變化」，而變化中最重要的就是佐證股票成長性的變化。

本章為了深入探究成長性與低價的概念與方法，將再介紹四位投資大師採取的方式及實踐的案例。

我們將重新跟著凱因斯學習巴菲特流投資的有效性；跟著坦伯頓學習全球觀點的重要性；跟著奈夫學習成長性與本益比的關係；最後再跟著是川銀藏來看投資家面對學習、調查、思考的態度有多麼重要。

■約翰・凱因斯 *John Maynard Keynes*

以超低價買進超優質股，並長期持有

約翰・凱因斯　生於一八八三年，卒於一九四六年，全球知名的經濟學者兼投資者。年輕時因為投資外幣失敗，不只失去自己所有的財產，就連替親兄弟保管的錢也都賠光了。因經歷過這樣的事情，他創造出自己的股票投資理論，其投資法與巴菲特非常類似，最後他成為億萬富翁。主要著作是《就業、利息與貨幣的一般理論》（*The General Theory of Employment, Interest, and Money*）。

二十世紀代表性的大經濟學者，也是大投資家

政府在景氣惡化時會發展公共事業，主打提高支出的經濟對策。這是活躍於二十世紀上半的英國經濟學家凱因斯提倡的措施，因此稱為「凱因斯政策」，很多

人都知道這是景氣惡化時是非常有效的緊急處理方法。據說全球經濟能夠以較快的速度從二〇〇八年發生的金融海嘯中恢復，也歸功於有效活用凱因斯政策

就像這樣，凱因斯成為二十世紀之後，帶給全球重大影響的經濟學者之一，而他實際上也以投資者的身分大獲成功。

一九一九年，凱因斯三十六歲時正式開始投資，到了六十二歲去世時的一九四六年，累積了四十萬磅以上的資產。他的資產換算成現值大約相當於數十億日圓。

此外，凱因斯也負責為管理劍橋大學資金的寶櫃基金（Chest Fund）操盤，他在一九二八年到一九四五年這十八年來，取得了年平均一三．二％，總計超過八倍的績效。這段期間內發生了全球恐慌與第二次世界大戰等動盪，英國證券市場的平均年成長率為負〇．五％，考慮到這樣的狀況，凱因斯的績效可說是相當驚人。

據說凱因斯在金融危機與情勢不安等混亂時期也吃了不少苦頭。他在全球恐慌最嚴重的一九三〇年到一九三一年間，損失了大約五〇％的資產，在第二次世界大戰開始前的一九三八年也減少了約四〇％的資產，但他卻能夠克服這些困難，最後取得莫大成果。

從年輕時的投機失敗中學到的「短期交易精隨」

凱因斯年輕時似乎喜歡賭博。有段關於他的軼事，是他前往蒙地卡羅旅行時，在賭場輸光旅費，向友人借錢。

一九一九年他正式開始投資時，首先活用擅長的總體經濟分析，挑戰貨幣交易（現在的外匯）。凱因斯評估美國經濟與德國經濟的基本面，深信美元會升值，當時的德國貨幣馬克會貶值，因此採取「買進美元、賣出馬克」的方針進行貨幣交易。

凱因斯的預測正確，美元大幅升值，馬克貶值，但是他卻遭受瀕臨破產的嚴重失敗。因為他進行了高於自有資金好幾倍的槓桿交易，當行情進入「美元貶值、馬克升值」的震盪回檔時，他便立刻陷入困境，嘗到了「準確預測大盤趨勢，卻嚴重虧損」的苦果。

這次的經驗讓凱因斯發現「長期來看，行情會遵循基本面發展，但短期行情卻會因為心理因素而背離基本面」。於是他得到結論是，若想在短期交易中獲利，必須在買賣的同時預測「投資人在一個月後會呈現什麼樣的心理狀態」。

這就是凱因斯有名的「選美理論」。如果舉辦「投票給選美比賽優勝者的人能夠獲得獎金」的比賽，該怎麼做才能得到獎金呢？這時或許應該推敲其他人的心理，把票投給可能獲得較多票數的人，而非自己心目中的美女，而在市場上也是一樣的道理。

看穿市場性質的凱因斯，除了原本「對經濟與企業實際狀況的分析」外，也致力於「預測市場心理」，深入探究短線買賣。

凱因斯流的投資三原則

凱因斯之後就透過短期交易穩定地增加資產，並隨著資產增加，開始摸索較寬鬆的投資方法。舉例來說，他也積極採取利用景氣循環的手法。這是他活用自己專攻的總體經濟知識，預測將來景氣，並根據預測在絕佳時機買賣股票的概念。

但即使是凱因斯，似乎也難以推測景氣循環的轉換點，最後這個投資法因為無法實際運用而被他捨棄。

凱因斯最後想出的手法是：「找出兼具出色獲利能力與成長性的超優質企業，

在這檔股票超低價時買進，並長期持有」這與巴菲特的手法幾乎相同。凱因斯比巴菲特早一步發現這個手法。他利用這個方式，成功管理累積到一定程度後的個人資產以及寶櫃基金等等。

凱因斯在晚年寫給朋友的信中坦承：「我在投資上的成功，源自於挑選個股的能力」，並傳達下列三個最後摸索出的投資鐵則：

❶謹慎挑選未來發展潛力高，股價遠低於原本價值的少數優秀股票

❷無論市場狀況好壞，都堅定地繼續持有這檔股票，直到明顯發現預測失準

❸投資組合不要偏向性質與風險相同的股票，應該考慮平衡，挑選性質與風險相反的股票搭配。

在嚴重不穩定且未來不明朗的經濟狀況中投資的凱因斯，以及在成長的經濟狀況中投資的巴菲特，這兩位天才在完全相反的經濟狀況下得到幾乎相同的結論，這點相當耐人尋味，也讓我重新感受到「找出真正優秀的企業，在低價水準買進，長期持有」的戰略是多麼地有效。

■ 約翰・坦伯頓 *John Templeton*

放眼世界，投資優良的價值股

約翰・坦伯頓　生於一九一二年，卒於二〇〇八年。十九歲開始累積投資的訓練，四十二歲時創立基金。之後的四十年持續取得頂尖成績，成為世界級的富豪。一九七〇年時開始加速投資日本股票，獲得生涯最大的成功。一九八六年時將投資重心從日本股市轉移到美國股市，也同樣大獲成功。

國際投資的先驅，投資高度成長期的日本股市大獲成功！

約翰・坦伯頓是一名放眼全球市場的投資者，他從世界各國中選出有價值的股票市場，投資價格跌到很低的優質股，並透過這樣的手法獲得成功。

坦伯頓認為如果想要判斷「真正有競爭力的高價值企業是哪一間？」以及「真正超低價股票是哪一檔？」不能只觀察一個國家，而是必須了解世界各國的經濟與企業動向，並進行比較，因此他不厭其煩地調查、買進海外股票。

坦伯頓花了二年七個月走遍全球三十五個國家，藉此尋找世界上真正的價值股。

在個股方面，他參考事業內容與至今為止的實績，挑選今後五年左右預估業績看好的優質股，並根據「本益比個位數」與「股價淨值比一倍以下」等標準，判斷價格是否夠低後，再行投資。他持有股票的時間大約四至五年。

坦伯頓透過這樣的手法，從一九五四年開始管理基金四十年，持續取得頂尖的管理績效。其代表性的成功事例，就是投資高度成長期前的日本股市。因為當時的日本股票雖然具有高成長性卻乏人問津，所以價格水準偏低。

本益比個位數時買進，三十倍時賣出

坦伯頓從戰後就一直關注日本股市，尤其到了一九七〇年代他更加速投資日本股票，高峰時日本股票占了他管理資產的半數以上。

坦伯頓開始積極投資日本股票時，本益比只有個位數的潛力股隨處可見。舉例來說，還在成長的伊藤洋華堂本益比只有三倍左右。坦伯頓就像這樣到處搜購本益比只有個位數的潛力股。

後來日本股市發展出歷史性的上升趨勢。日經平均股價指數在一九七〇年達到二千日圓左右，一九八〇年達到七千日圓，一九八四年突破一萬日圓，坦伯頓在本益比個位數時買進的股票中，這時也開始出現變成三十倍左右的個股。他從這些個股開始賣出，到了一九八六年，日經平均指數站上一萬八千日圓大關時，他判斷日本股市整體已經失去投資價值，因此將手上的日本股票全部出清。

放眼全球，看穿真正的低價狀態與泡沫狀態

日經指數在坦伯頓從日本股市撤退後也持續上漲，一九八九年底漲到將近四萬日圓，現在已經很清楚當時正面臨泡沫化了。

坦伯頓對泡沫行情沒有興趣，他在日經指數超過兩萬日圓後持續觀望，到了日經指數來到三萬日圓的一九八八年時，他預測「日本股票今後將會跌到這個價格的一半」。隔年日經指數來到將近四萬日圓，讓人以為坦伯頓的預測大幅失準，但現在回想起來，他的判斷其實很精確。因為直到二〇一四年的今天，日經指數依然維持在不到兩萬日圓的狀態……。

坦伯頓在一九八六年出清手上的日本股票，將資金轉移到美國股市，同樣大獲成功。當時的紐約道瓊工業指數只有一千七百美元左右，但十年後的一九九六年，漲到了三倍的五千美元左右，一九九九年更突破一萬美元，在二〇一四年時達到一

萬七千美元。由此可見坦伯頓的投資判斷有多麼準確。

除了這兩個例子之外，坦伯頓也持續成功掌握大趨勢與轉換點，這應該是他仔細觀察全球經濟與股票所帶來的成果吧！

最近越來越容易取得美國股市與中國股市的資訊，買賣也變得更加容易。即使身為散戶投資者，也請務必放眼全球股市，放寬視野，評估投資海外股票的可能性。尤其是在經濟與金融邁向全球化的現代，可以想見這種全球性的視野比在坦伯頓的時代更加重要。到了現在，即使只投資國內股票，觀察全球經濟與股市的動向也變得相當重要。

■約翰・奈夫 *John Neff*

刻意避開高成長股，在適當價格的一半時買進穩定成長股

約翰・奈夫　一九三一年出生。管理溫莎基金（Windsor Fund）的三十一年間，達到累計五十六倍的投資成果。基金的規模成長約一百五十倍。他操盤的特徵是絕對的穩定感，不理會誇張的變動，謹慎投資經營基礎穩固，擁有穩定成長力的股票。奈夫有「真正的專家」之稱，也備受專業基金經理人的尊敬。

以獨特方式計算適當股價，以其半價做為買進參考

約翰・奈夫是美國代表性的基金經理人之一，他管理基金的三十一年間，達成累計增加五十六倍的投資成果。

「你最想把自己的資產委託給誰管理？」在媒體對專業基金經理人進行的問卷

調查中，退休之前約翰・奈夫，幾乎總是第一名的不二人選。由此可知專業人士對他的敬重，他被稱為「真正的專家」。

他的投資手法很單純。只不過是將注意力平均分配到本益比、股息殖利率、成長性等所有項目上，並忠實地遵照一個基本原則，就是在「在低價水準買進預估獲利佳的優良股票」。奈夫使用下列公式判斷股價是否來到低價水準：

適當本益比＝利益成長率＋股息殖利率

※正確來說，在此應該將利益成長率的與股息殖利率的「％」換成「倍」，此外，請將利益成長率想成營業利益或經常利益的成長率，以下皆相同。

若股價大幅低於這個公式計算出的適當本益比水準，最好是一半左右，即可採取買進方針。

舉例來說，假設利益成長率為二八％，股息殖利率為二％，適當本益比就是三十倍。如果這時的股價水準相當於本益比十五倍左右即可買進。

不過，在股息殖利率不太高的情況下，也可以單純想成：

適當本益比＝利益成長率

本益比運用在成長股投資的方法

接下來，再稍微深入探究幾年後的利益成長與本益比的關係。

舉例來說，我們試著思考利益在幾年後成長兩倍的情況。假設現在每股盈餘為一百日圓，幾年後變成二百日圓。

如果標準本益比是十五倍左右，在每股盈餘可能達到二百日圓的情況下，我們也可以先假設這間公司的每股盈餘為二百日圓，對股價的評估則可以想成２００日圓×15倍＝３０００日圓。

如果以現在的每股盈餘一百日圓來看這個股價，本益比就是三十倍。

換句話說，如果利益可能達到兩倍，評估出來的本益比也會是標準水準的兩倍左右。

同樣的，我們可以這麼想，如果利益在幾年後達到三倍，本益比也會是標準水準的三倍；利益可能達到四倍，本益比也會是標準水準的四倍……。

以上的說明整理之後，就會變成如下的關係：

利益達到2倍……適當本益比為30倍（15倍×2）
利益達到3倍……適當本益比為45倍（15倍×3）
利益達到4倍……適當本益比為60倍（15倍×4）
利益達到5倍……適當本益比為75倍（15倍×5）

接著我們以這樣的說明為前提，思考每年的利益成長率與本益比的關係性。

舉例來說，利益的年成長率為三〇%，連續成長三年，三年後的利益就會變成：

1.3×1.3×1.3≒2.2倍

由此可知，利益連續三年以三〇％的速度成長，大約會變成兩倍。有了這樣的預期，就能想見這間公司的本益比會是標準水準十五倍的兩倍，也就是三十倍。

若以同樣方式計算，可以算出在利益成長率四〇％，連續成長三年的情況下，適當本益比大約是四十倍；在利益成長率五〇％，連續成長三年的情況下，適當本益比大約是五十倍。大致來看，成長率直到一〇〇％之前，都能用「利益成長率＝適當本益比」的方式計算。我想這正是約翰．奈夫的適當本益比公式的根據。

不過，若成長率低於三〇％，這樣的關係未必成立。

這時的計算結果如下：

若5％的成長持續三年以上……本益比17倍

若10％的成長持續三年以上……本益比20倍

若15％的成長持續三年以上……本益比23倍

若20%的成長持續三年以上……本益比26倍

所以，**成長率三〇%以上的高成長企業可使用「利益成長率＝適當本益比」**的公式計算，若成長率低於三〇%，則可參考前段的計算考。

此外，若股息殖利率達到數個百分點，可將其加到原本計算出的本益比來思考。

舉例來說，假設一五%的利益成長率持續三年以上，股息殖利率三%，本益比就是23＋3＝26倍。

所謂的股息，就是將原本用在成長投資上的錢，直接回饋給投資者的金額。

換句話說，成長率與股息殖利率之間有互償的關係。所謂互償，指的是其中一方增加多少，另一方就會減少多少。如果將這兩者加在一起的數字想成是這檔股票的投資價值，就能更容易理解奈夫公式。

本書將上述的一切都稱為「奈夫公式」。

以上的概念是我參考一般介紹奈夫想法的資料，再稍微整理而成。我想奈夫在買賣股票的實踐上，採取的也幾乎是如同上述的方法。

接著就來看奈夫自己利用這個公式獲得成功的例子。

奈夫在一九九四年買進英特爾的股票，當時英特爾明明持續以一五%的利益成長率成長，但本益比只有八倍左右。

當時的英特爾逐漸在相當於電腦大腦部分的CPU與半導體業界，建立起頂尖企業的地位。那是電腦剛開始正式推廣到企業與家庭的時期，因此可以推測，英特爾高成長率的情勢，將不只會持續三年，還會再持續五年、十年。

當時英特爾的股息幾乎為零，所以套用奈夫公式計算出的適當本益比是二十三倍。這麼一想，本益比八倍相當於適當股價三分之一左右，可說是降價大拍賣的價格。實際上，英特爾的股價也在奈夫買進的一年後漲到兩倍，接著漲到三倍，五年後漲到約十倍。

英特爾的股價之所以能夠上漲不只三倍，是因為一五%左右，甚至更高的利益成長率持續超過三年的關係。

前面之所以用「持續成長三年」為前提考量，是因為一般投資者做出具體預測與投資判斷的期間多半為三年左右。分析師的報告等，一般也只會做出大約三年內的預測。

不過，兩年也好，五年也好，只要能夠預測到時利益能夠成長幾倍，就能依此計算出適當本益比，不需要拘泥於三年。基本上，可以根據二五三頁整理的概念「如果利益在幾年後達到兩倍，則本益比是三十倍，利益達到三倍，則本益比是四十五倍……」，來思考成長股的適當本益比。

刻意避開成長率超過二〇%的股票的真正意圖

奈夫的投資方針中，另一項值得注意的原則是「避開成長率過高的個股」。具體來說，他原則上會將成長率超過二〇%股票排除在投資對象外，理由是：「成長率過高的公司經營往往不穩定，股價也容易暴起暴落。」這也是葛拉漢指出的重點。

實際上，要維持每年超過二〇％的成長相當辛苦，在人才培育與經營管理等方面，應該有很多無法顧及的部分，結果很有可能導致人員、服務、產品的品質下滑，引起營運上的混亂。

相較之下，如果以低於二〇％、相對穩定的速度成長，就不需要勉強維持，也較容易對持續成長抱持信心。

奈夫意識到投資高成長股會碰到一個問題，那就是高成長股幾乎都有高本益比。而高成長、高本益比的股票，股價就有劇烈變動的傾向。

針對這點，請各位重讀六三頁的例子。在這個例子中可以看到，利益成長率三〇％、本益比三十倍的股票，只要利益向下修正一〇％，股價跌幅就有可能高達六〇％。

由此可知，如果高本益比的成長股業績惡化，就會同時引起每股盈餘下滑與本益比下滑，兩者相乘將使股價大幅下跌。

那麼，「成長率二〇％」的股票，與「成長率一〇％，股息殖利率五％」的股票該如何選擇呢？

根據奈夫公式計算出的適當本益比，兩者都是二十五、二十六倍左右，因此實際股價如果是只有一半左右的大拍賣價格，兩者都可以考慮「買進」，但奈夫更偏好後者。

因為後者的成長率低，利益變動的可能性較小，而且股息屬於可以確實到手的部分。

由此可知，奈夫的投資手法相當慎重，且追求確實與穩健。

換句話說，奈夫的投資對象是擁有穩健且持續成長力的企業，而他判斷的標準除了過去穩健的利益成長實績之外，還包括下列幾點：

- **財務體質健全，ROE 高於業界平均**
- **經營者有能力**
- **產品與服務有魅力**
- **目前可以預期產品的市場將會擴大**

這些都是在介紹葛拉漢、費雪、巴菲特、林區、歐尼爾的章節中，反覆出現好幾次的重點，因此這裡不再贅述。總而言之，除了具備以上條件之外，再加上「可望擁有一〇至二〇%左右的穩定成長力，本益比在十倍以下」的股票，就是奈夫的投資目標。

當然，股市中存在著急速邁向大企業的真正高成長股也是事實，只要能夠好好掌握這些個股，就能獲得莫大的投資成果。投資高成長股的方法在歐尼爾那章已經提過了，但歐尼爾的手法也伴隨著一定的風險。

投資時要採取哪一種手法，或是有彈性地交錯使用雙方的戰略，每位投資者都可以探索適合自己的方式進行選擇。

■是川銀藏 Ginza/John Neff

活用工作與興趣的知識，徹底調查再行投資

是川銀藏　生於一八九七年，卒於一九九二年。從年幼時就以成為實業家為目標，昭和恐慌時遭遇的挫折，成為他拼命學習經濟、開始投資股票的契機。一九八一年投資住友金屬礦山得到二百億日圓的利益，鉅額的利益足以讓他成為日本第一富豪，但他幾乎將這些利益都捐作獎學金。唯一留下的自傳《相場師一代》至今依然為人所傳閱。

遭受許多誤解的投機者「是銀」的真面目

是川銀藏常被暱稱為「是銀」，他在一九九二年以九十五歲高齡去世前都相當活躍，是日本代表性的投資者。他的成功事蹟不勝枚舉，譬如投資日本水泥（現在

的太平洋水泥）獲得三十億日圓的利益，以及投資住友金屬礦山獲得二百億日圓的利益等。

是川銀藏一般給人的印象是「孤注一擲的投機者」，但他的真面目與這樣的印象截然不同。他是非常具有正義感的慈善家，長期以來都大力批評不道德的賺錢方法。他幾乎將自己在股市中賺到的錢都捐作獎學金，只留下生活所需最低限度的資產，在熱海平靜地度過餘生。

此外，他也是努力、有想像力與行動力的人。他經常認真學習，持續想出各種創意，一旦出現感興趣的個股，就會立刻採取行動，親自確認。

三十出頭時拼命學習經濟是大獲成功的基礎

是川的投資手法，重點在於「看穿經濟動向」。就這層意義來說，他成功的原點可說是在三十出頭時，一九三〇年前後。他雖然從年輕時就熱衷於事業，但當時公司因為被捲入昭和恐慌中破產。那是遠比泡沫經濟破滅後更嚴重的通貨緊縮與金融恐慌的時代。

是川的人生從這時開始重新來過，他首先徹底學習經濟，思考未來的經濟走向。把自己逼到破產的金融恐慌是什麼？今後該轉型成什麼樣的公司？他心想，如果無法在自己腦中整理出頭緒，無論再怎麼努力重新展開事業，或許都會重複致命性的失敗。自此之後，他每天到圖書館大量閱讀關於經濟的書籍，日復一日，在研究各式各樣的經濟數據中度過。

徹底重視從數據判斷的經濟趨勢

經過三年的學習，他得到的結論是「經濟變化就像波動一般」。

舉例來說，經濟因為蒸汽機與鐵路等新技術的出現，而轉移到新的狀態。這時雖然因為有些產業遭受打擊而發生混亂，但最後還是會出現大幅上升的趨勢。經濟就在反覆上升、下降中發展。是川經歷的昭和恐慌，也是這當中的混亂之一。

而經濟會在最壞的狀況中萌生好轉的徵兆，也會在絕頂時萌生下滑的徵兆。即早發現這些徵兆，就是事業與股票成功的祕訣，也因為如此，是川相當重視數據分析。

舉例來說，是川事前料中了美國在一九三三年四月停止黃金本位制（貨幣與黃金的兌換率受保障的制度）。他判斷這個制度難以在經濟規模擴大的情況下維持，並從資料中發現「當國家持有的黃金量低於紙幣流通量的四〇％，將停止兌換」的規定，於是持續確認每週發表的數據，計算黃金本位制停止的時期，他也預測股市將因此而混亂，並透過做空獲得龐大利益。

是川多次準確預測股票市場與經濟的趨勢，不斷累積成功，不只景氣變動，甚至還連續說中政策轉換與戰爭爆發等事件，並因此成名。據說他曾一度接到出任大藏大臣（現在的財務大臣）的邀請。

由此可知，透過觀察經濟數據來思考，無論在哪個時代都會成為投資者莫大的助力。想要做到這點，學習外匯運作的機制、景氣變動的機制等經濟原理直到自己理解為止、並試著以自己的方式研究經濟數據的意義、了解這些數據如何成為影響股價變動的要因等，可說都是重要的前提。

強烈的意志力甚至實現了長壽

除了投資之外，是川也靠著高超的智慧與強烈的意志力，克服事業與人生中發生的各種問題，並實現所有的願望。這樣的人生實在很痛快。

舉例來說，他甚至靠著高超的智慧與強烈的意志力，實現九十五歲的長壽。事實上，是川在二十多歲時，曾因肺結核靜養，這個機會讓他開始深思「人類的生命到底是什麼？」「為什麼有些人早死，有些人晚死？」於是他閱讀了大量的書籍與資料，得到「人類只要依循自然法則生活，就能健康活到百歲以上」的結論。

是川認為，一般人之所以會在七、八十歲過世，是因為暴飲暴食等奢侈的生活削弱了原本的生命力，為了提高這種人類原本擁有的生命力，是川決定改採以蔬食為主，接近自然的飲食生活，並且完全不從事夜間娛樂。一切都是為了延長壽命，做自己想做的事情，實現自己的夢想；他直到去世之前都貫徹這樣的生活，實際上也成功活出接近一百歲的健康人生。

話說回來，是川為什麼能夠維持如此強烈的意志呢？首先，他每次遇到問題時，都會對其根本的部分產生強烈興趣，譬如「為什麼經濟會變動？」或「人類的生命到底是什麼？」接著，他會徹底學習這些令他感興趣的事物。

他學到東西之後，就會開始盤算「做什麼樣的努力，可以達到什麼樣的成果？」如果他發現可以取得重大成果的方法，便會湧現無論如何都要辦到的欲望。由此可知，是川因為好奇心、學習欲望、意志力彼此支撐，讓他無論在投資方面還是事業方面，都能大獲成功。

窮究工作、興趣，磨練投資力

是川四十一歲時在朝鮮半島成立礦業公司，他照例先徹底學習地質學、礦床學，並且也親自走遍各地進行地質調查。身為經營者的他，雖然可以將技術方面的事情全權交給技術人員處理，但這麼做無法讓他滿足。因為他相信只有研究到自己能夠理解為止，才能培養出正確的判斷力。最後他的事業也因此順利擴大。

但是，事情並未到此結束。到了八十四歲時，是川在報紙上讀到住友金屬礦山發現高品質金脈的報導。雖然還不知道規模大小，但是川覺得這絕對是大規模的金脈沒錯，於是立刻前往當地用自己的雙眼確認。最後，透過自己親眼見到的各種狀況，確信大金脈的存在。接著他開始悄悄買進股價還很低迷的住友金屬礦山股票。後來該公司的股價大幅上漲，是川最後得到約二百倍的利益。是川透過工作訓練出來的礦業相關判斷力，即使過了四十年以上也依然正確。

這段故事讓我思考，工作也好興趣也好，盡可能對與自己相關的事情感興趣，試著徹底學習很重要。因為最後不僅能為工作帶來幫助，興趣也能更加深入；對投資股票來說，更能成為大於一切的助力，探索是川的生涯，更讓我重新感受到這點。

不慌張，不貪心，遵守「烏龜三原則」的精神！

如此積極學習研究，並擁有堅強意志力的是川，也曾遭受瀕臨破產的失敗。原因不是他對市場預測失準，而是企圖透過信用交易放手一搏，背負過多風險的關係。

他雖然準確預測市場行情，但卻誤判獲利了結的時機，而且失去冷靜，透過信用交易增加手上的股票數量，結果反受其害，損失慘重。最後雖然不到破產的地步，還保留了幾十億日圓的資產，但如果再有失誤就會失去一切。

是川曾好幾次像這樣鋌而走險。因為他一旦發現這是一生當中只會出現幾次的重大機會，不賭上一切就不肯罷休，這似乎就是他的個性。雖然他每次都能擺脫嚴重危機獲得成功，但只要命運的齒輪失常，或許就會真的招致毀滅。

無論發現自己多有信心的投資對象，只要買進金額過大，就難以控制情緒。即使是判斷力優於常人、意志堅定的是川，也會因為無法控制情緒導致判斷嚴重失準，陷入窘境。因此是川根據自己的經驗，給予一般投資人以下建議：

❶悄悄買進處於低價的優良個股，耐心等待

❷以自己的方法仔細觀察經濟、行情的變化

❸不過度樂觀，用手邊的資金投資

這三項建議稱為「烏龜三原則」。不慌張、不貪心，像烏龜走路一樣穩健地投資。是川除了幾次的放手一搏之外，也一直貫徹這樣的投資態度。

此外，是川也嚴厲批評「不擇手段賺錢」的態度。不惜陷害別人也要賺錢當然不用說，但他認為投資時最好也應該考慮對社會的意義。若以這樣的姿態面對投資，最後也會產生想要好好學習的態度，更重要的是，也應該能夠防止欲望過度膨脹帶來的失敗。

CHAPTER 8

透過交易量、金融政策、政治動向思考

跟著史維格、索羅斯學習

判斷市場行情
與經濟轉換點的方法

判斷市場趨勢的專家史維格與判斷經濟趨勢的專家索羅斯

到目前為止主要介紹的都是針對個別股票的投資法，最後讓我們來看看判斷市場行情以及整體經濟趨勢轉換點的方法。

說到底，投資股票的基礎就是「找出優質股票，在低價時買進」，而判斷整體行情的趨勢與轉換點，能夠幫助投資人尋找相對良好的投資機會、避開危險的投資時機；此外，美元行情或歐元行情的趨勢，對於投資這些貨幣的判斷也會有所幫助。

接下來，我們將跟著史維格學習透過股價圖與金融政策，判斷整體行情趨勢的方法；以及跟著索羅斯學習透過經濟實態、供需、政治來判斷經濟趨勢的方法。

■馬丁・史維格 *Martin Zweig*

從爆炸性上漲與金融政策判斷行情的重大轉換點

馬丁・史維格　生於一九四二年，卒於二〇一三年。美國最著名的股市分析師之一，也是市場趨勢分析的第一人。他所發行的電子報因為接連準確預測而受到矚目。此外，他也是管理約一兆日圓資金的知名基金經理人。在密西根州立大學取得金融理論的博士，曾在紐約市立大學擔任助教。

伴隨著交易量增加的爆炸性上漲是數年一度上漲趨勢開始的訊號

馬丁・史維格被稱為是趨勢判斷的名家，他曾多次料中股票市場中數年一度的重要趨勢轉換，他也因為這樣的能力，獲得全美最高等級基金經理人的地位，管理大約一兆日圓的資金，在投資顧問的工作方面，也好幾次獲得評等單位第一名的評價。接下來我們將跟著這樣的史維格，學習判斷整體行情趨勢轉換的方法。

史維格特別注意的股票市場趨勢轉換訊號有下列兩種：

- **低價圈出現兩次以上的「爆炸性上漲日」**
- **金融政策的重要變革**

史維格從過去八十年的股市數據中，挑出所有主要上升趨勢進行驗證，結果他發現，幾乎所有的上升趨勢在發生初期，都會引起「爆炸性的股價上漲」。所謂爆炸性的股價上漲，就是投資者瘋狂買進，整體股票市場開始以爆炸性趨勢往上漲的狀態。

「十日漲跌家數比」是史維格判斷股價上漲是否呈爆炸狀態的指標之一。這個指標以十日為區間，觀察每天合計上漲個股數是下跌個股數的幾倍。過去這個指標超過兩倍的頻率，大約每四年只會有一次，而每次都成為發生上漲趨勢的起點。

只不過一般來說，比起十日漲跌家數比，二十五日漲跌家數比的知名度較高，而且上網搜尋就能立刻確認。就現狀而言，確認十日漲跌家數比的資料並不容易。

但是，在兩週左右的期間內看見爆發性的強烈變化非常重要，是史維格這個想法的精華。史維格本身也在著作中提到：「有耐心地等待股價爆發超過兩週以上的時間，在此之後加入市場。各位讀者即使在這時買進被認為是高價水準的股票，在此之後也能連續幾個月獲得近乎異常的莫大利益。」〔《贏在華爾街》，（*Martin Zweig's Winning on Wall Street*）〕

史維格也會使用「上漲股票交易量指標」判斷股價是否呈爆炸性上漲。這是顯示當日上漲股票的總交易量，是下跌股票總交易量的幾倍的指標，這個指標也因為並不常見而難以確認。也因此投資者在股市中瘋狂買進的「爆炸性上漲日」，應該可以想成「超過九成的上市股票上漲的全面上漲日，加上日經平均成交量大幅上升的日子」。

史維格表示，過去如果在三個月內發生兩次以上的爆炸性上漲日，之後就很有可能發展成大幅上漲的趨勢。

這時的重要概念就是「大幅度的上漲趨勢，會從低價圈的股價爆發開始」。掌握這點之後，即使不使用困難的指標，只觀察股價圖中是否出現稱得上數年一度的「股價爆發」；應該也能幫助判斷重大的趨勢轉換。

探索金融政策到市場趨勢的轉換

接著來看掌握股票市場轉換點的第二個重點「金融政策的重要變革」。

如同一九二頁所述，金融政策就是中央銀行用來改變釋出到市場上的現金流通量的政策。增加現金流通量的政策稱為「金融寬鬆」，減少現金流通量的政策稱為「金融緊縮」。中央銀行指的是發行、管理貨幣的銀行，日本的日本銀行、美國的聯準會就相當於中央銀行。

金融政策的主要手段是降息與升息。降息是降低利率，讓借錢變得更容易，藉此增加現金流通量；升息則是提高利率，讓人無法輕易借錢，藉此減少現金的流通量。

但是降息有其極限。事實上，二〇一四年的現在，日本銀行一直以來的政策實施對象——隔夜拆款利率（金融機構之間只有一日的金錢借貸往來）幾乎已趨近於零。

這是因為日本銀行在二〇〇一年採取了人類史上首度的量化寬鬆政策。所謂的量化寬鬆，就是日本銀行不斷地向民間銀行買進國債，藉此將現金匯給銀行，供給銀行資金的政策。只要日銀將大量現金匯入銀行，就能以貸款給銀行的形式流入市場，以期達成金融寬鬆的效果。

那麼，史維格所謂金融政策的重要變革指的是什麼呢？第一，他指的是從金融緊縮轉變成金融寬鬆，或是從金融寬鬆轉變成金融緊縮這類方向性的改變；若寬鬆或緊縮連續實施、或幅度變大也必須注意。

實際觀察過去的事例也能看到，金融政策的改變將大幅影響股票市場，且經常都會成為行情的重要轉換點。

舉例來說，一九八七年十月下旬，美國發生被稱為黑色星期一的股價大暴跌，紐約道瓊工業指數在兩週內從二千六百美元跌到一千七百美元左右，跌幅約三五％。

這場暴跌發生之前，紐約道瓊工業指數在一月到八月間大幅上漲，從一千九百美元左右漲到二千七百美元，股票市場陷入狂熱，聯準會卻在這樣的氣氛中，於九月上旬實施升息，將利率從五．五％調升到六．〇％。這是「睽違四年的金融緊縮」，加上市場行情有點過熱，因此出現對行情潑冷水的效果。

史維格認為這正是行情下滑的訊號，因此買進賣權（股價下跌就能賺錢的金融商品），獲得了龐大的利益。

日本也不乏這樣的例子。典型的案例就是一九九〇年後的泡沫行情破滅。日經平均指數在一九八〇年代後期出現歷史性的泡沫行情，到了一九八九年五月，指數站上三萬三千日圓。這時日本銀行為了壓制過熱的行情，實施了睽違九年的升息，後來十月、十二月也連續升息。即使如此，依然抵擋不了日經指數的漲勢，結果到了十月底，指數來到了三萬八千九百一十五日圓，但隔年一九九〇年一月，泡沫行情開始嚴重破滅。

由此可知，金融政策的變革，往往都是重要行情轉換點的訊號，但還是有幾點必須注意。

第一，在很多案例中，金融政策的變革與行情轉換之間都有時間差。一九八九年的泡沫行情，也在升息開始的七個月後才從頂點下滑。

此外，日本雖然在二〇〇一年就導入人類史上首度的量化寬鬆這個相當大膽的金融政策，但股價實際要到二〇〇三年才探底，兩者之間也有一段不短的時間差。

二〇一四年的現在，日本依然還在實施量化寬鬆政策。有人稱之為「非傳統性金融政策」，如同這個別稱所說，歷史上很少有這種金融寬鬆的例子。或許也必須注意，就長遠來看，這麼做是否會有帶來某種類似副作用的風險，而這就是第二個注意點。

我想身為投資者，除了將這些注意點納入考量外，一邊學習金融政策一邊觀察也很重要吧！

■喬治・索羅斯 *George Soros*

確認經濟實態、供需、政治三要素，在外匯交易上賭一把！

喬治・索羅斯　一九三〇年出生。猶太裔，出身於匈牙利的布達佩斯。從倫敦政經學院畢業後，進入倫敦的證券公司。後來赴美，與合夥人吉姆・羅傑斯共同成立量子基金，達到驚人的管理績效。一九九二年透過放空英鎊獲得鉅額利益的事蹟相當出名。一生當中累積了近兩兆日圓的資產。

尋找背離基本面的行情，在修正趨勢中獲勝

我們在吉姆・羅傑斯那章也稍微提到了喬治・索羅斯，他是累積了近兩兆日圓

個人資產的避險基金巨星。

索羅斯的手法是徹底深入思考總體經濟的趨勢，掌握其變化，並押注在這個變化方向上。他的代表性成功案例，就是在一九八〇年代放空美元。

一九七〇年代的美國因長期不景氣而苦惱，一九八一年就任的雷根總統以「強勢美國」為口號，在經濟面採取強勢的「美元升值政策」。這個政策降低了進口商品的價格，困擾美國的高通膨也逐漸平息。再者，全球的資金因為美元升值而流入美國，美股上漲，景氣本身也逐漸回復。

但是，超越國家實力的極端美元升值政策無法長久持續。事實上，美國汽車產業因美元升值的關係，對於進口車的攻勢相當煩惱，這樣的弊端也逐漸顯現。

索羅斯判斷「雷根的美元升值政策總有一天會觸礁」，因此虎視眈眈地瞄準放空美元的機會。

一九八五年中旬，索羅斯開始感受到決戰的時刻終於來臨。美國產業界因美元升值遭遇的挫折達到頂點，政治界也到了必須回應這種產業界不滿的時機。

從經濟實態來考量，美元本來應該維持在相當低的水準，如果轉換成美元升值的政策的話……。接下來應該會出現激烈的美元貶值趨勢。懷著這個想法的索羅斯，感受到變化逼近的跡象，並在一九八五年九月大量放空美元。

接著在九月二十二日，當時的美國財政部長貝克，找來日、英、德、法四個國家的財政首長召開會議。索羅斯在觀察情勢發展時，因為心中已經懷著「美元將在某個時點劇烈貶值」的劇本，他立刻察覺出會議的目的，更增加美元的賣出部位。

結果如同索羅斯信心十足的預測，五個國家在會議之後簽署「廣場協議」，確認採取美元貶值政策。當時一美元原本可兌換二百四十日圓，一年後跌到一百五十日圓左右，索羅斯也獲得了鉅額的報酬。

中央銀行與政府強行誘導行情失敗

而索羅斯最成功的例子，就是一九九二年的放空英鎊。

當時歐洲正式開始整合貨幣，參加各國有義務將本國貨幣兌德國貨幣馬克的匯率並維持在一定水準。英國必須維持一英鎊兌二．九五馬克的匯率，最低不能低於二．七七馬克。

但是，當時英國的經濟正沿著下降趨勢發展，這樣的匯率水準不符合經濟的實際態勢。而且這個「不符合經濟實際態勢的匯率水準」，更拖累英國景氣，使英國經濟陷入惡性循環。

一九九二年七月，市場開始出現「英鎊的匯率似乎太高」的氣氛，承受賣壓的英鎊，跌到二．八五馬克附近。索羅斯緊盯英鎊動靜，虎視眈眈地等待生平最大賭注的出手時機。

對這時的英國政府來說，防禦英鎊下滑的最主要手段是「升息」，也就是透過提高利率讓全球現金回流到英鎊，擊退像索羅斯這樣的賣方的戰略。

但是，升息會讓汽車、住宅、設備投資等需要貸款的物品買氣下滑，使得為債務所苦的企業處境更加艱困，讓本來就持續衰退的英國經濟更加惡化。英國政府陷入「升息是地獄，不升息也是地獄」的兩難境地。

這樣的狀況下，英國國內主張「脫離貨幣整合，降低幣值與利率，以恢復景氣為優先」的聲浪高漲。

但是，貨幣整合是從一九七〇年代開始進行的重大計畫，目的是為了讓歐洲再度回到世界經濟的中心，英國政府已經數度表明不惜犧牲一切也要做到的決心，但儘管英國政府拼命干預匯率，卻完全看不到英鎊停止貶值的跡象。

三個條件完全備齊，全力賣出英鎊

事到如今，英國只能指望歐洲整合的中心國家德國降息，讓資金從德國流向英國。當然德國的動向也是索羅斯最關心的事情，他謹慎地盯著德國的動向。

但是德國正因為東西德統一帶來的通膨後遺症所苦，希望盡可能避免降息或貶值。因為如果馬克貶值，進口商品的物價將隨著外幣升值而上漲，對通膨來說無疑是火上加油。

索羅斯已經充分分析過德國的狀態，他只想尋求更確切的證據。這年到了八月底，德國政府越來越明確地展現出「不得已的情況下，只好讓英國脫離貨幣整合」的態度。

對索羅斯來說，放空英鎊的發動條件已經完全齊備。條件有下列三項：

- 經濟實態
- 供需狀態
- 政治要因

最大的要因經濟實態已經完全向英鎊貶值傾斜。市場的供需狀態也傾向英鎊貶值。即使政府干預匯率，也無法停止英鎊貶值就是證據。

而到了最後，政治的條件也備齊了。的確，英國本身直到最後都抱著維持英鎊匯率的政治意向，但這已經不是英國一個國家想辦法就能解決的狀況。其仰賴的救命繩德國，光處理自己國內的事情就分身乏術，以貨幣整合為目標的歐洲各國腳步混亂。確認這點的索羅斯，在進入九月時，以一百億美元（一兆日圓以上）的資金賭英鎊貶值。

索羅斯大勝，英國經濟也復活

接著來到宣判英鎊命運的九月十五日，這時英鎊兌馬克已經逼近低標二．七七馬克，英國中央銀行使出最後手段，一天當中連續升息兩次，利率從一〇%升到一二%，再升到一五%。即使如此，依然不見英鎊升值的跡象，英國政府已經黔驢技窮，之後英鎊匯率恐慌性崩落，到了十月，英鎊兌美元暴跌了近二〇%。

索羅斯大獲全勝，他的基金這時已經投機性地獲得了總計二十億美元（換算成日圓約為二千億日圓以上）的利益，其中大約三分之一是他自己本身的報酬。

耐人尋味的是，英國景氣在這之後逐漸恢復，英國經濟也大復活。這麼一想，不禁讓人思考，為英國奮鬥的到底是英國政府，還是投機大師索羅斯呢……。

有一點可以確定的是，無論是中央銀行還是投機者，只有能夠深入思考、看穿經濟趨勢的人才能獲勝，誤判情勢者只能吞下敗果。越了解索羅斯，就越能感受到「深入思考經濟本質」的重要性。

結語

成功投資股票的五個原則

到此為止，我們已經綜覽了十二位傳奇大師的方法。雖然十二人有十二套理論，但也有不少共通的面向。

從他們的方法中，我們學到了什麼？又該如何運用呢？

最後是我自己通盤了解他們的方法後，所整理出的成功投資股票的五個原則。

原則❶ 投資戰略的大原則

「投資損失比例遠低於獲利的股票」

這個原則就是本書在作者序中提到的「思考風險與報酬的比例」，也是本書登場的所有投資者共通的概念。

投資一定有損失的風險，但如果一個標的獲利的期望值是風險的好幾倍，就值得投資。

舉例來說，假設一個標的「失敗時的跌幅頂多二〇%左右，但成功時的漲幅可望達到一〇〇%」，那麼這個標的損失與獲利的比例就是一比五，可說是相當有利的投資標的。

實際上，失敗時的損失是多少，成功時的獲利又是多少，很難以金額或百分比做定量推測，多半只能靠感覺判斷，即使如此，只要意識到「從投資損失與獲利的比例來看，明顯有利的標的」，那麼不只股票投資，外匯投資或其他賭局也能提高成功的可能性。

原則❷　價值投資的原則

「考量價值，投資上漲空間大的股票」

所謂「損失比例遠低於獲利的股票」，換句話說就是「下跌空間小，上漲空間大」的股票，而找出這種股票的有效方法就在於關注價值。若思考該企業的價值後，發現股價偏低，就有下跌空間小、上漲空間大的機會。

關注股票的價值，也是本書中登場的傳奇大師共通的特質。

在本益比低的時候買進獲利能力高的股票，就很有可能出現「下跌空間小，上漲空間大」的狀態。

這時候，即使業績惡化，也因為本益比原本就低，所以受大幅下跌之害的可能性也小。

就我自己的經驗來說，買進業績好、本益比低的股票後，即使認賠殺出，損失比率幾乎頂多只會達到二〇％左右。相對地，如果一切順利，漲幅有時甚至可以達到一〇〇％。這麼一想，損失與利益的比例就大約是一比五。

費雪與歐尼爾之所以沒有那麼在乎價值感的原因，是他們鎖定在企業本身價值有機會膨脹到數倍，甚至是數十倍的股票。面對這些價值可能膨脹數倍的股票，他們的基本態度是「現在的股價多少偏高或偏低都不用太過在意」，因為他們尋找投資目標的著力點，終究是擺在價值可能成長數倍的個股。

如果說費雪與歐尼爾是價值投資者，有些人或許會覺得不對勁吧。這些人可能會認為「費雪與歐尼爾是成長股投資者，不是價值股投資者」。

但是，成長性與價值感並非矛盾或對立的性質。葛拉漢那章已經說明，成長性是股票價值的要因。考量包含成長性在內的價值，並以更低的價格買進，就是價值投資。

實際上，費雪與歐尼爾都完全不覺得自己買進的股票價格偏高。反而應該說，他們鎖定的是「考量成長性之後，價格超低的股票。」

股票的價值感基本上以本益比衡量。一般來說，十五倍左右是標準水準，十倍左右是低價水準。而成長性高的情況下，參考成長性修正的本益比標準，則如A表所示。

價值投資的基本戰略是，在低價水準買進，漲到目標水準後賣出。

若預測未來將穩定成長三年以上，則可以根據二五二至二五五頁描述的方法，估算出如B表般的目標本益比。

[A表]參考本益比的買賣目標

未來數年的成長願景	低價水準	目標水準	最大目標水準
預估將以3%的速度穩定成長的情況	10倍	15倍	20倍
預估獲利成長將在數年內達到2倍以上的情況	20倍	30倍	40倍
預估獲利成長將在數年內達到3倍以上的情況	30倍	45倍	60倍

[B表]參考本益比的買賣目標

未來三年以上的獲利成長願景	低價水準	目標水準	最大目標水準
預估將以5%的速度成長的情況	12倍	17倍	25倍
預估將以10%的速度成長的情況	13倍	20倍	26倍
預估將以15%的速度成長的情況	15倍	23倍	30倍
預估將以20%的速度成長的情況	17倍	26倍	35倍
預估將以30%以上（a%）的速度成長的情況	0.7×a倍	a倍	1.3×a倍

目標水準也可以加上股息殖利率。低價水準為其三分之二，或0.7倍左右，最大目標水準為3分之4，或1.3倍左右

再者，若股息殖利率達到數個百分比，也可將附加到本益比上思考。若價格大幅低於透過這種方式計算出的目標本益比（大約三分之二以下的水準），即可買進。

不過，若遇到強勢行情，高點有時也會出現超漲（漲過頭）的現象。這時當然可以在達到目標水準後賣出，但如果想趁著股價上漲盡可能獲取最大利益，我想也可以等股價漲到低價水準的兩倍（大約目標水準的一．三倍左右）再賣出。這稱為最大目標值。

原則❸ 辨別個股性質的原則

「考量成長性」

考量企業價值時，最重要的因素是成長性。

重視成長性這點，也是投資大師共通的概念。

葛拉漢雖然反對成長股投資，但他終究只是指出期待高成長性而投資的風險，並對其抱持著反對的態度，而不是反對成長性本身。

實際上，葛拉漢自己也將未來獲利的預估良好做為選定個股的重點。具體來說，他選定個股的條件是年成長率三％，或十年獲利可成長三成左右。

奈夫也反對投資高成長股，他的投資標的以年成長率二〇％以下，相對穩定的成長股為中心。

巴菲特主要投資也是年成長率二〇％以下，相對穩定的成長股，感覺與奈夫類似。

另一方面，歐尼爾則鎖定數年內獲利倍增的爆發性成長股。

投資穩定成長股的風險低，成功率高，對多數人來說應該是容易上手的方法。

相反的，快速成長股的本益比多半較高，價格變動激烈，有點難以駕馭，但順利的話可以得到增加數倍的績效。如果發現自己有信心的快速成長股，或許也能撥一部分的資金試試看。

企業的成長性，可以透過定性面與定量面考量。

關於定性面，在費雪、巴菲特、林區的章節中已經有詳細說明。

以下幾點特別重要：

- **具備獨特的「優勢」**
- **營收有擴大的空間**
- **對自己來說容易理解**

這幾點可說是定性面的必要條件。

至於定量面，在葛拉漢、巴菲特、歐尼爾、奈夫的章節中也有詳細說明，但大致來說可以總結成下列幾點：

- **業績成長亮眼**
- **營業利益率一〇％以上**
- **ROE一〇％以上**
- **自有資本比例五〇％以上。**

這幾點雖然不至於說是必要條件，但也是「希望盡可能滿足」的項目。

歐尼爾鎖定快速成長股的方法，在業績方面不單單僅止於「成長亮眼」，還有以下這個相當嚴格的條件：

- **過去三年持續二五％以上的成長，近期更加速到四〇％以上**

歐尼爾採取的手法是，在本益比二十五至五十倍時買進業績已經呈現上述趨勢，且有機會因劃時代的新產品或新服務而持續表現亮眼的股票，並在本益比漲到買進的兩倍左右時賣出。

原則❹　投資時機的原則

「分批買進，避免草率的反向操作」

在投資時機方面，採取「順向操作還是反向操作」是個問題。

反向操作是瞄準股價大幅下跌的時機投資，順向操作則是順著股價的上升趨勢投資。

本書中登場的投資者多半採取反向操作。

尤其是葛拉漢與羅傑斯，更是相當堅定只在股價大幅下跌時買進的反向操作投資者。

巴菲特也是典型的反向操作投資者，他在金融海嘯後，股價暴跌時大量買進的事蹟令人記憶猶新。IT泡沫破滅後，他也大量加碼買進低價圈的股票。對巴菲特來說，「買進超優質的超低價股」是最重要的事，即使股價在高價圈，他也會買進屬於這類型的股票。但基本上他還是偏好在多數投資者動搖，以低價賣出時買進，也是個反向操作投資者。

林區、凱因斯、坦伯頓、奈夫、是川等五人基本上也較常買進低價圈的股票，而非高價圈，因此也算是反向操作投資者。

費雪雖然對投資時機不太在乎，但他會瞄準股價因景氣惡化或業績惡化而大幅下跌的時機，將其視為絕佳的買點，因此本質上也屬於反向操作投資者。

其中只有歐尼爾屬於純粹的順向操作投資者，他會「避免挑選下降趨勢的個股，鎖定上升趨勢的個股」。歐尼爾的方針是，只會在基本面與股價圖都發生強烈的上漲趨勢時，才搭上這波漲勢投資。

那麼，對散戶投資者來說，哪種方法比較好呢？

我想，如果能像這些投資大師一樣順利實行反向操作，莫大的投資收益必然可期，但就我的經驗來說，反向投資非常困難。實際上，很多投資者因為「草率的反向投資」而失敗，我自己也有幾次因此失敗的經驗。我們也可以說這些投資大師正因為順利操作這種高難度的投資，才能獲得如此龐大的成果。

反向投資之所以困難，是因為股價呈現下跌趨勢時，景氣與業績也多半正在惡化，而且無法判斷惡化還會持續多久。

實際上，我自己也經歷過好幾次，斷定某檔處在下跌趨勢中的股票「應該不會再跌了」，而貿然買進，結果又跌好幾成的情況，我想這也是許多投資人共同的經驗。

之後回頭看，即使是在「價格極低」時買進，如果一次買進大量金額的股票，只要下跌三成，便很容易因為精神上的動搖而在谷底出脫，這將導致最壞的結果。

那麼，該怎麼做才好呢？

我想，只要能夠充分理解這間公司定性面的性質，對其將來有信心，而且判斷「股價已經跌到很吸引人的水準」，也可以反向操作，開始買進股票，但這時候，最好能夠分幾次一點一點地分批買進。

如同前面提到的，一口氣投入所有預定買進的金額時，如果之後股價再往下跌，就可能失去精神上的餘裕，無法做出冷靜的判斷。所以這時候，最好在手頭準備寬裕的資金，以便在跌得更深時能夠加碼買進，同時分批投資，每次只投入預定買進的全部金額的部分。

覺得反向操作很難的人，也可以等到確認股價已經充分止跌後再行買進。我基本上也依循這樣的方針決定投資時機。

具體來說，我會等到確認「低點已經不再更新」後再買進。

就我的經驗來看，如果三個月以上，保險的話六個月以上沒有更新低點，或許就能判斷下跌趨勢可能已經結束了。

再者，確認止跌後，若再經過整理反彈確認股價進入上漲趨勢，當股價又暫時下跌時，就可說是最佳的買進時機。

當然，即使買進時以為股價確定進入止跌回升的趨勢，股價還是有可能再下跌，但為了在任何情況下都能冷靜處理，最好不要一口氣拿出所有預算買進，分散在不同時間分批購買較理想。

由此可知，真要說的話，我自己覺得順向投資的概念較容易操作，而對於許多散戶投資者來說或許也是如此！

低價股投資與順向操作的投資乍看之下雖然矛盾，但可以將「股價雖然止跌進入上漲趨勢，但價格還很低，上漲空間也大」當成買進條件。我想這也是適合多數散戶投資者的做法。

原則❺　風險管理的原則

「投資每檔股票的金額不超過總資金的二〇%，投資失敗盡早停損」

如果能夠做出完美的投資判斷，那麼把所有財產都押注到真正有信心的那檔股票也無所謂。

但散戶投資者的判斷有極限，有時也會誤判。因此，投資每檔股票的金額最好有一定程度的限制。

林區建議分散投資五檔左右的股票，這是一個參考。相當於投資每檔股票的金額上限，是自有資金的二〇％左右。

舉例來說，假設手上有一百萬日圓的投資資金，可以將二十萬日圓當成一個單位，每檔股票的投資上限就是二十萬日圓。

此外，投資時機也可以分成好幾次。舉例來說，一開始只投資十萬日圓，其他時機再投資剩下的十萬日圓，兩次投資加起來大約二十萬日圓左右。

這麼一來，一次投資失敗損失的金額也很有限。例如以二十萬日圓投資一檔股票之後，若在股價下跌二〇％時認賠殺出，損失金額也只有四萬日圓。損失這麼多錢或許很心疼，但並非致命性的失敗，仍有充分的可能性能夠恢復。

此外，投資之後若發現投資的理由錯誤，也必須盡快停損。舉例來說，如果出現以下徵兆：

• 業績惡化程度出乎意料
• 原本認為的公司優勢受到威脅

這時就必須充分檢討，若投資的理由不穩固，應該重新考慮是否減少投資金額，或是暫時賣出所有股票。

投資脫離不了失敗。本書中登場的投資人在身為初學者時，也都曾遭遇重大失敗，即使成為資深投資者也還是有失敗的時候。但是，他們都會承認失敗，確實停損。

「能夠停損」是透過投資獲得成功的絕對要件之一。猶豫不決無法停損而被錯誤的投資拖累，導致傷口擴大是最壞的狀況，也是投資者絕對不可犯下的錯誤。

投資人千萬要避免明明買進的理由已經破滅，股價也持續下滑，卻不僅無法停損，還因為「股價變低」而加碼買進。這會使投資該檔股票的金額大幅超過自有資金的二〇％，在自有資金中占了過大的比例，這正是散戶投資人容易陷入的典型失敗模式。

為了成為能夠確實停損的投資者，必須遵守下列原則：

- **有明確的買進理由**
- **以適當的金額投資**
- **有其他優良的候補股票**

若買進的理由不明確，就會莫名其妙持續持有、莫名其妙持續攤平買進。此外，若投資金額過大，超越適當金額，就會覺得「現在賣出損失太大，所以無法賣出」，而難以停損。

所以投資者必須注意，買進的理由千萬要明確，而且必須以適當的金額投資。

此外，如果心目中還有其他優良的候補股票，就更容易順利停損。「如果這檔股票在我賣出後上漲就太糟了」，無法停損的背後通常也有這樣的心理作用。不過只要想到賣出這檔股票獲得的資金，可以用來買進其他不錯的股票，做出停損的決定就比較容易，因為可以期待新的個股上漲時帶來的獲利。如果能把資金拿來投資其他「損失與利益的比例」比停損的股票更好的個股，我想身為投資人也更容易接受吧！

以上為各位介紹的是我自己整理出的「五個原則」。這五個原則是我從傳奇大師身上學到的精華。我深信，只要遵守這些原則，腳踏實地持續投資，就能穩健地提升身為投資者的實力與資產。

給想要更深入了解的讀者的投資書籍指南與參考文獻

以下六本書，特別推薦給想要深入學習本書介紹的投資者手法與概念的讀者。

《智慧型股票投資人》，班傑明．葛拉漢著　寰宇

這本書讓巴菲特覺醒成為投資者，而巴菲特也稱這本書是「至今無人能出其右」的股市投資指南。這也是一本考量通貨膨脹與貨緊縮等總體經濟狀況的變動，深入探討整體資產運用的書籍。雖然是寫給一般投資者的指南書，但內容相當正統，讀起來或許有些費力。

還有另一本《智慧型股票投資人》（全新增訂版），班傑明．葛拉漢、傑生．史威格（Jason Zweig）著，雖然內容相同，但另外加入了著名金融分析師根據最近狀況所做的解說。

《非常潛力股》，菲利普．費雪著　寰宇

費雪解說成長股投資法的著作。

這是讓巴菲特領悟成長股投資的書籍，因此內容當然也很正統，但日文版已經將文體翻譯得相當易讀，而且隨處有監修者的解說，花了不少心思幫助讀者理解。

《巴菲特的勝券在握之道》（*The Warren Buffett Way, 3rd edition*），**羅伯特．海格斯壯著（Robert G. Hagstrom）　遠流**

這是一名基金經理人所寫的巴菲特解說書，他很早就注意到巴菲特的投資手法，而且持續研究近三十年，自己也因此累積了投資成果。這本書經過好幾次改版，每次都變得更容易理解、更精練，並且也涵蓋了最新的巴菲特動向。可說是最佳的巴菲特投資法解說書。

《彼得林區　選股戰略》，彼得．林區、約翰．羅斯查得著　財信

這是彼得．林區親自向散戶投資人解說的股市投資指南書。他穿插了各式各樣的例子，以清楚易懂的方式解說投資小型成長股的概念。本書向讀者發送強烈的訊息，也能激起讀者投資股票的意願。

《笑傲股市：歐尼爾投資致富經典》，威廉．歐尼爾著　美商麥格羅．希爾

「CAN-SLIM選股法」是從股市超過一百年的數據中，徹底分析出飆股的特徵，並掌握飆股起漲點的方法，而這本書就是「CAN-SLIM選股法」的解說書。本書的解說也隨著改版修飾得越來越精煉易懂，表格分析的方法也很充實，內容相當實用。

《投資大師羅傑斯，人生、投資養成的第一堂課》（*Street Smarts: Adventures on the Road and in the Markets*）**，吉姆．羅傑斯著　時報**

本書是吉姆．羅傑斯的著作中，最完整濃縮、整理其想法的一本。他的成長過程耐人尋味，除了投資之外，他也有力地敘述自己對歷史與世界經濟的看法，內容相當有趣。

〈其他參考書籍〉

除此之外，本書撰寫時也參考了下列書籍。

《大師的投資智慧》（*Money Masters of our time*），約翰．特雷恩（Jon Train）著　中信

本書簡單明瞭地整理了葛拉漢、費雪、巴菲特、羅傑斯、林區、坦伯頓、奈夫等十七位著名投資者的生平與投資方法，是研究傳奇大師的最佳書籍。

《大投資家》（*Lessons from the Legends of Wall Street*），妮姬．羅斯（Nikki Ross）著　財訊

本書鎖定包含葛拉漢、費雪、巴菲特、坦伯頓等四人在內的八位著名投資者，整理出他們的生平與投資方法。

《金融怪傑》（*Market Wizards: Interviews with Top Traders*），傑克．D．史瓦格（Jack D. Schwager）著　寰宇

本書是威廉・歐尼爾、吉姆・羅傑斯等著名交易者的訪談錄。

《巴菲特開講——人生財富最重要的六堂課》，珍娜・羅渥著　商周

本書以巴菲特至今為止的發言為主，清楚明瞭地說明他的想法。

《雪球：巴菲特傳》（*The Snowball*），艾莉斯・舒德（Alice Schroeder）著　天下文化

本書是巴菲特唯一授權的傳記。

《巴菲特的真本事：史上最強投資家的財務閱讀力》（*Warren Buffett and the Interpretation of Financial Statements*），瑪麗・巴菲特（Mary Buffett）、大衛・克拉克（David Clark）著　先覺

本書是巴菲特的學生解說巴菲特解讀各種財務報表的方法。

《巴菲特寫給股東的信》（*The Essays of Warren Buffett; Lessons for Corporate America*

Second Edition），華倫・巴菲特著，勞倫斯・康寧漢（Lawrence A. Cunningham）編　財信

本書將巴菲特寫給波克夏・哈薩威公司股東的話整理成冊。

《The Warren Buffett Stock Portfolio》瑪麗・巴菲特、大衛・克拉克著

巴菲特廣泛地解說至今為止投資的個股。

《彼得林區　征服股海》（*Beating the Street*）**，彼得・林區、約翰・羅斯查得著　財信**

林區解說基金經理人時代的投資記錄。

《彼得林區　學以致富》（*Learn to Earn: A Beginner's Guide to the Basics of Investing and Business*）**，彼得・林區、約翰・羅斯查得著　財信**

本書是解說股票的入門書，從股票的歷史、股票到底是什麼等基本的內容，深入到徹底探究股市投資。

《笑傲股市 Part2》（*The Successful Investor*），**威廉·歐尼爾著　美商麥格羅·希爾**

本書搭配許多圖解，以清楚易懂的方式，說明歐尼爾的個股選擇與股價圖分析法。

《投資騎士》，吉姆·羅傑斯著　中信

羅傑斯第一次環遊世界之旅的回憶錄。

《資本家的冒險》（*Adventure Capitalist*），**吉姆·羅傑斯著　商周**

羅傑斯第二次環遊世界之旅的回憶錄。

《中國很牛：Money 都講普通話》（*A Bull in China: Investing Profitably in the World's Greatest Market*），**吉姆·羅傑斯著　時報**

吉姆·羅傑斯說明他覺得中國股票有潛力的歷史背景、現狀以及具體的產業部門與個股。

《羅傑斯教你投資熱門商品》（*Hot Commodities: How Anyone Can Invest Profitably in the World's Best Market*），**吉姆．羅傑斯著　時報**

吉姆．羅傑斯說明商品投資的方法與將來展望。

《実務家ケインズ》，那須正彥著　中公新書

本書解說凱因斯身為官員、政治家、實業家、投資家等各種實務家的形象。

《坦伯頓投資法則》（*Investing the Templeton Way*），**洛蘭．坦伯頓（Lauren C. Templeton）、史考特．菲利普斯（Scott Phillips）著　美商麥格羅．希爾**

本書詳細整理坦伯頓的投資實例與方法。

《相場師一代》，是川銀藏著　小學館文庫

是川晚年唯一寫下的一本自傳，他波瀾萬丈的一生非常具有戲劇性。

《Martin Zweig's Winning on Wall Street》，馬丁．史維格　Replica

Books

史維格解說自己分析市場的方法。

《超越指數》（*Staying ahead of the curve*），**喬治·索羅斯著　金錢文化**

索羅斯親自解說自己投資想法的書。

《索羅斯傳奇》（*Soros:*），**羅伯特·史雷特（Robert Slater）　寰宇**

本書以故事風格描寫索羅斯身為投資者的前半生。

《當巴菲特遇上索羅斯》（*The Winning Investment Habits of Warren Buffett & George Soros*），**泰馬可（Mark Tier）著　聯經**

本書對照巴菲特與索羅斯的投資法，解說兩人的方法、想法，並尋找相異點與共通點。

跟著十二位傳奇投資大師學習賺錢鐵則 / 小泉秀希著；林詠純譯 -- 初版 . -- 台北市：時報文化 , 2016.11 ；　面；　公分
譯自：伝説の名投資家１２人に学ぶ儲けの鉄則
ISBN 978-957-13-6805-4（平裝）
1. 股票投資 2. 投資技術 3. 投資分析

563.53　　105018670

ISBN 978-957-13-6805-4
Printed in Taiwan.

BIG 叢書 266

跟著十二位傳奇投資大師學習賺錢鐵則

伝説の名投資家１２人に学ぶ儲けの鉄則

作者　小泉秀希｜**譯者**　林詠純｜**主編**　陳盈華｜**編輯**　林貞嫻｜**美術設計**　陳文德｜**執行企劃**　黃筱涵｜**董事長・總經理**　趙政岷｜**編輯顧問**　余宜芳｜**出版者**　時報文化出版企業股份有限公司　10803 台北市和平西路三段 40 號 3 樓　**發行專線**—(02)2306-6842　**讀者服務專線**—0800-231-705・(02)2304-7103　**讀者服務傳真**—(02)2304-6858　**郵撥**—19344724 時報文化出版公司　**信箱**—台北郵政 79-99 信箱　**時報悅讀網**—http://www.readingtimes.com.tw ｜**法律顧問**　理律法律事務所　陳長文律師、李念祖律師｜**印刷**　勁達印刷有限公司｜**初版一刷**　2016 年 11 月 4 日｜**定價**　新台幣 360 元｜時報文化出版公司成立於 1975 年，並於 1999 年股票上櫃公開發行，於 2008 年脫離中時集團，非屬旺中，以「尊重智慧與創意的文化事業」為信念